Faire entendre ma voix

Préface de Nicolas Lafitte
Illustrations de Caroline Taconet
Violaine Fournier

Faire entendre ma voix

21 jours pour transformer mon rapport à la parole

interéditions

Couverture : Studio Dunod - Elizabeth Riba
Illustrations : Caroline Taconet
carolinetaconet.com
Composition : Belle Page

NOUS NOUS ENGAGEONS EN FAVEUR DE L'ENVIRONNEMENT :

Nos livres sont imprimés sur des papiers certifiés pour réduire notre impact sur l'environnement.

Le format de nos ouvrages est pensé afin d'optimiser l'utilisation du papier.

Depuis plus de 30 ans, nous imprimons 70 % de nos livres en France et 25 % en Europe et nous mettons tout en œuvre pour augmenter cet engagement auprès des imprimeurs français.

Nous limitons l'utilisation du plastique sur nos ouvrages (film sur les couvertures et les livres).

interéditions est une marque de Dunod Éditeur,
11 rue Paul Bert, 92240 Malakoff
ISBN : 978-2-7296-2494-1

SOMMAIRE

Préface

J'ai voulu être forain, puis j'ai pensé un temps devenir prêtre. Je me suis imaginé agent d'accueil dans une grande surface, mais aussi guide conférencier dans un bus touristique. J'ai rêvé de devenir chanteur, animateur radio et télé. Médecin, pompier ou sportif de haut niveau ? Cela ne m'intéressait pas. Enfant, je rêvais d'un métier qui me permette de parler dans un micro. Oui, un micro !

Depuis, j'ai compris qu'il y avait en moi un besoin vital de faire résonner ma voix pour « être » au monde et y trouver ma place.

Mes rêves d'enfant m'ont amené vers la radio, la scène, l'écriture, la transmission : des formes d'expression qui, à leur échelle, me permettent sans aucun doute de me faire entendre et, au fond, d'exister. Bien sûr, on pourrait croire qu'après vingt ans d'expérience professionnelle, parler dans un micro est devenu un exercice plus simple. Et pourtant, je constate chaque jour combien il peut être difficile de mettre en mots ce que l'on veut exprimer, de prendre la parole et de la faire résonner. Avec le temps, je prends pleinement conscience que dire, écrire, chanter, c'est s'inscrire dans le temps et dans l'espace, c'est dessiner, à sa petite échelle, le monde dans lequel on vit.

À une époque où tout va toujours plus vite, où les tensions et les conflits résonnent, il est essentiel d'apprendre à nous parler, à nous exprimer et à choisir les mots justes. Que l'on soit extraverti ou timide, chaque parole a un impact. Notre voix compte : elle a une influence, le pouvoir d'inspirer et de transformer.

C'est précisément ce que propose cet ouvrage remarquable de Violaine Fournier : plus qu'un simple guide technique pour mieux utiliser notre voix et prendre la parole, il s'agit d'une invitation à nous présenter au monde, à révéler notre essence et à contribuer, même modestement, à façonner notre vie et le monde qui nous entoure. Violaine Fournier nous rappelle que notre voix est un outil puissant, un pont entre l'intime et l'universel.

Au fil des pages, vous découvrirez comment cultiver votre voix, non seulement pour mieux vous faire entendre, mais aussi pour mieux vous comprendre vous-même. Alors, c'est parti : faites résonner votre voix !

Nicolas Lafitte,
journaliste, artiste, programmateur d'événements culturels

Introduction

Vous souhaitez, dans votre vie, contribuer au monde et participer aux changements en cours en ayant de l'impact par votre action ? Vous prenez pour cela la parole dans votre cadre professionnel ou personnel ?

J'imagine que vous souhaitez être entendu(e).

Mais peut-être, malgré votre envie de vous engager, avez-vous peur de prendre la parole. Ou bien pensez-vous « de toute façon, ce n'est pas pour moi, je suis timide », ce qui vous freine dans vos élans.

Y a-t-il des jours où vous vous dites « franchement, quand j'écoute untel, il parle de façon si fluide, il est si convaincant. Et moi, je dépense une énergie folle, je prépare ce que je vais dire, ça m'occupe pendant des jours avant le jour J, et à la fin je n'ai pas l'impression d'être vraiment compris(e). Quand on ne me demande pas de répéter… »

Peut-être souhaitez-vous juste prendre la parole avec plaisir, de façon fluide et simple, tout en ayant de l'influence ?

Être entendu est une question de volume. Ou pas.
Avoir peur de prendre la parole dépend de sa connaissance du sujet. Et pas que.
Avoir de l'impact dépend de son envie d'engagement. Mais aussi…

Quel est donc le secret de ceux dont la parole met en mouvement ? Depuis quel endroit d'eux-mêmes parlent-ils ? En bref : quelle est leur recette ?

Notre parole est créatrice

Nous sommes des magiciens : nos mots créent le monde, tout comme la pensée et l'action, bien que ces trois énergies agissent à des niveaux différents.

Nous percevons en général assez bien que nos actions façonnent le monde : si j'ai une pelle, du terreau, un peu d'huile de coude et un jeune plant, je peux planter un arbre et modifier ainsi mon jardin.

Avant cette action, il y a eu un moment de conception, celui où j'ai imaginé avoir envie de planter cet arbre, celui où j'ai choisi le plant pour ses vertus (la couleur de son feuillage, sa capacité à s'adapter à l'environnement, les fruits qu'il donnera, etc.) : j'ai donc créé par ma pensée l'action qui allait suivre.

Nos mots ont également une énergie créatrice puissante : Martin Luther King, le 28 août 1963, a partagé son rêve : celui d'une société où les êtres ne seraient plus jugés sur la couleur de leur peau mais sur la valeur de leur caractère. Sa parole a inspiré femmes et hommes, Blancs et Noirs, qui voulaient voir advenir cette société-là.

Nombreux sont ceux qui, à la suite de ses mots, ont œuvré au service de cette vision... Et le monde a changé : il n'y a plus de toilettes séparées ou de zones dans le bus affectées suivant la couleur de peau.

La pensée, la parole et l'action sont donc créatrices ; et, lorsqu'elles font équipe, elles nous donnent le pouvoir de transformer le monde.

La question qui nous est posée, à chacun, est alors : que créons-nous, chaque jour, avec nos mots ?

Cette question a été le déclic de ce livre, parce que je me la pose chaque jour, en lisant mon fil d'actualité sur les réseaux sociaux. J'ai parfois l'impression que certains de ces espaces de parole – dont la pratique est jeune au demeurant – s'apparentent à un océan pulsionnel où l'émotionnel et le jugement sont rois plus qu'à une tribune de partage conscient au pouvoir transformant.

Pour moi, ils ne sont d'ailleurs que le miroir grossissant d'une réalité plus large de notre rapport collectif à la parole.

La parole de Luther King ou de Mandela a contribué à changer le monde. Celle d'Hitler aussi. Cela n'a juste pas créé le même monde.

Quelles énergies alimentons-nous ? La colère, la haine, l'impuissance ? Ou l'élan, le renouveau, la gratitude ?

Chaque parole compte, chaque voix compte. La nôtre aussi, qui que nous soyons, où que nous contribuions.

Nos paroles à tous, au quotidien, peuvent être des forces de vie : le manager qui manifeste sa confiance à son collaborateur et le fait grandir ; le parent qui rassure son enfant et construit les conditions de sécurité de l'adulte qu'il deviendra ; le soignant qui accompagne le soin de son écoute et soulage la souffrance physique autant que psychique ou émotionnelle ; l'inconnu croisé dans la rue qui partage un mot gentil ou un peu d'humour et qui change la face d'une journée.

Il est des jours et des situations où il est facile d'avoir une parole consciente et vivante. Il en est d'autres où cela demande un effort sollicitant. Mais à chaque instant nous avons le choix.

Ce qui est à l'intérieur est à l'extérieur – et inversement

Le choix ? Vraiment ? Mais ce contexte qui m'est imposé, ces limites que je vis, ces conditions que je n'ai pas pour faire autrement ? On peut voir les choses ainsi. Ou pas.

Nous avons construit en grandissant un personnage intérieur qui agit à notre insu. Quand je dis « je », souvent c'est de lui dont il est question. Il est un compagnon fidèle, un appui sans faille et un programmateur inexorable de nos comportements. Pour le meilleur et pour le pire. Le pire venant souvent du fait qu'il pense avoir raison et qu'il ne serait pas possible de faire autrement.

Il a été façonné de nos expériences, qui ont généré des croyances ou qui sont venues renforcer des croyances familiales, culturelles, éducationnelles.

Par exemple, un enfant élevé dans une famille de montagnards fait de l'escalade ou du ski très jeune, et potentiellement à l'adolescence des courses d'alpinisme qu'un citadin n'ayant jamais mis les pieds dans cet univers qualifierait de dangereuses. Pour celui qui a toujours vécu à la montagne, c'est juste normal, il connaît l'environnement et gère son risque. Il trouvera sans doute beaucoup plus dangereux de prendre sa voiture sur l'autoroute pour partir en vacances.

Notre monde est donc façonné de nos croyances, le réel que nous vivons en est le miroir.

Quand nous changeons notre regard sur les choses, quand nous faisons évoluer notre représentation d'une situation, la situation se transforme d'elle-même parce que nous la vivons différemment.

Pour faciliter la lecture de ce livre, je partage avec vous les « lunettes » avec lesquelles je regarde le monde, à savoir deux croyances importantes pour moi et qui sont la base des chapitres qui vont suivre :

- nous sommes bien plus grands que ce personnage qui « agit ». Non pas grands au sens de la célébrité ou d'une grandeur extérieure à atteindre. Grands au sens où nos limites sont bien plus loin que ce que « nous » ou « notre personnage habituel » le croyons : nous pouvons aller à la rencontre de notre potentiel et le laisser s'épanouir de façon à vivre pleinement notre vie
- nous pouvons transformer en nous tout ce que nous décidons de faire évoluer : tout est possible

Notre lien à la parole n'échappe pas à ces lois. Il peut donc se transformer si je le choisis.

C'est le propos de ce livre…

Artiste, formatrice et coach depuis plus de vingt ans, j'accompagne en coaching individuel ou en groupe entre 150 et 300 personnes par an à la prise de parole, au travail de la voix, à l'expression orale et plus largement à l'expression de soi.

Dans le même temps, j'ai créé près de vingt spectacles, en tant qu'auteure et/ou metteuse en scène, et j'incarne certains d'entre eux sur scène comme chanteuse lyrique et comédienne.

Enfin, je dirige une compagnie d'opéra jeune public que j'ai créée en 2005, la Compagnie Minute Papillon.

Je suis une grande trouillarde devenue alpiniste, une interprète qui ne trouvait pas sa place dans les voies classiques du chant lyrique jusqu'à ce que je comprenne que mon chemin était de créer, et une jeune fille sage devenue une femme engagée au service de nombreuses causes – dont celle de faire émerger les voix et la parole de ceux qui ne l'ont pas, de ceux qui pensent ne pas l'avoir et de ceux qui pensent ne pas en avoir le droit.

J'aime chanter, danser, jouer du piano, rire, cuisiner pour de grandes tablées, accueillir dans ma maison, explorer la nature à pied, à ski, relever des défis.

J'ai traversé dans ma vie des abîmes de manque de confiance, de doute, de désespoir parfois. Je connais les longs jours sombres où l'horizon semble bouché à jamais.

J'ai cherché les réponses à mes questions en explorant la psychanalyse, le coaching, l'orthophonie, le travail transgénérationnel, l'énergétique, différentes pratiques corporelles, les langages symboliques à l'instar de l'astrologie, les approches en développement personnel… et bien sûr la musique !

Tout cela fait de moi la mosaïque que je suis et dont sera fait ce livre.

Longtemps je n'ai pas su quoi répondre à ceux qui cherchaient la boîte dans laquelle me ranger et j'ai essayé moi-même de me contorsionner pour rentrer dans l'une ou l'autre qu'on me présentait. Exercice aussi vain qu'inconfortable.

En réalité, ma vie professionnelle est à l'image du mélange multiculturel dont je suis issue. La vie m'est une source infinie de curiosité et mes différents métiers non seulement me passionnent mais se répondent l'un l'autre et participent, sous des formes diverses, à ce à quoi je souhaite contribuer : créer le monde auquel je crois. Un monde respectueux de l'humain et de notre écologie émotionnelle et psychique intérieure, et donc de l'écologie de la planète qui nous accueille. Un monde dans lequel chacun prend sa place, en épanouissant au maximum ses talents pour sa joie personnelle et le bien-être collectif.

Ce que ce livre ne sera pas

Vous l'avez sans doute compris, j'aime expérimenter et faire des ponts entre les univers. Ce livre que vous tenez entre les mains ne sera donc pas une conférence cérébrale sur le sujet de la parole, qui ferait de lui un nième objet destiné à prendre la poussière dans une bibliothèque (nous en avons tous, n'est-ce pas, sur nos rayonnages ?).

Il ne sera pas non plus un catalogue de « trucs et astuces » pour devenir ceinture noire de prise de parole en public. J'ai de nombreux collègues de grand talent qui ont déjà fait cela et dont les ouvrages sont accessibles facilement ; il ne me semble pas utile d'apporter une nouvelle pierre à cet édifice-là.

Personnellement je n'ai jamais su mettre en place une discipline quand elle n'avait pas de sens pour moi. Les « il faut », « je dois », « il n'y a qu'à » ne m'ont jamais fait bouger d'un pouce.

Mon expérience de formatrice depuis 25 ans me fait dire qu'il n'y a pas de formation sans transformation.

Apprendre, c'est d'abord se connecter. À soi et à l'autre. Et 90 % de mon travail, lorsque j'accompagne, concerne ce point.

Une fois que c'est fait, les exercices laissent une trace, sont efficaces, prennent sens. Sinon ils ne sont qu'un catalogue d'expériences oubliées dès le lendemain, et rien ne change.

Ce que ce livre sera

Ce que je vous propose ici, c'est donc un livre pour commencer à vous transformer. Ce que je souhaite, c'est ouvrir avec vous un espace de mise en mouvement sur votre rapport à la parole.

Nous allons danser sur deux jambes :

- la première est de faire de notre corps notre meilleur ami : de faire – ou refaire – alliance avec nos perceptions, nos sensations
- la deuxième est d'allumer la lampe de notre conscience : redevenir le capitaine de notre bateau, et choisir ce que nous faisons plutôt que de laisser nos habitudes agir pour nous, en nous, à travers nous.

Je vous propose pour cela un programme en 21 jours : le temps du renouvellement cellulaire pour faire bouger les schémas actuels et en proposer de nouveaux au cerveau ; 21 jours avec vous-même pour mettre de la conscience, changer de regard, et faire bouger votre rapport à votre parole. Et passer à la pratique, ensemble, avec des exercices simples.

Le tout sous le signe de la joie, du jeu, de la légèreté !

Comment la progression est-elle structurée ?

La voix est un sujet holistique, qui touche à tout de nous. Pour faire bouger les choses, il est important de les situer dans notre « paysage » global, de comprendre comment notre rapport à la parole s'est construit et de quoi il est fait.

Nous pourrons ainsi redevenir maîtres de notre propre transformation, en choisissant comment nous prenons la parole.

Le livre est donc structuré en trois semaines :

- la première semaine mettra le focus sur ces éléments holistiques : quelles sont mes représentations sur la parole ? Au service de quoi est-ce que je prends la parole ?
- En deuxième semaine, nous pourrons entrer dans des éléments plus techniques de la voix et répondre à la question de « comment ça fonctionne ? »

- En troisième semaine, nous aborderons la voix dans sa fonction de communication vers l'autre : comment redevenir pleinement auteur-compositeur-interprète de ma parole et embarquer mon auditoire ?

Le mode d'emploi du livre

Je vous proposerai chaque jour des éléments de réflexion sur un sujet différent, suivis d'une mise en pratique personnelle.

Et vous ne serez pas seul ! Vous aurez la possibilité d'accéder aux audios que j'ai enregistrés pour vous accompagner avec ma voix dans un grand nombre d'exercices. Ils seront signalés par un pictogramme.

Ce livre est un plat à savourer. Et, pour bien savourer, il ne faut pas vouloir tout manger tout de suite.

Certains chapitres vous parleront donc plus que d'autres, au moment où vous les lirez. C'est normal, parce que j'ai cherché à proposer des abords très différents pour que chacun puisse trouver son chemin, choisir dans la carte ce qui lui convient.

Prenez donc ce qui est bon pour vous à cette lecture. Vous pourrez y revenir si vous le souhaitez.

Autrement dit : un peu, beaucoup, à la folie, pas du tout, chaque jour.

J'ai choisi de faire référence à des personnes célèbres pour que vous puissiez comprendre de quoi je parle sur un sujet. Mais il ne s'agit pas de se dire : « Oh là là, jamais je ne serai Martin Luther King, la barre est trop haute ! » C'est juste que, si je vous parle de mon voisin à titre d'exemple, cela ne va pas être très parlant pour vous.

Nous sommes tous en chemin, je le suis autant que vous, et les orateurs expérimentés aussi. Nous apprenons chaque jour.

Je vous propose donc de faire juste un petit pas, chaque jour ou quelques fois lors du parcours. Un petit pas, cela peut être quelque chose que j'ai compris ou quelque chose que j'ai changé.

Et si vous avez fait 3, 4, 5, 6, 10 petits pas à la fin de ce livre, vous aurez changé votre système et vous ferez mieux entendre votre voix. Ce sera déjà formidable.

Envie de faire ce voyage ? C'est parti !

« Notre plus grande peur n'est pas que nous soyons inadéquats. Notre peur la plus profonde est que nous soyons puissants au-delà de ce qui est mesurable. C'est notre lumière, pas notre obscurité, qui nous effraie le plus. Nous nous demandons, qui suis-je pour être brillant, merveilleux, talentueux, fabuleux ? En fait, qui êtes-vous pour ne pas l'être ? Jouer petit ne sert pas le monde. Se rétrécir devant les autres pour qu'ils ne se sentent pas en insécurité ne fait pas preuve d'une attitude éclairée. Nous sommes tous voués à briller, comme le sont les enfants. Ce n'est pas le sort de quelques-uns d'entre nous, c'est le sort de tout un chacun. Et quand nous laissons notre propre lumière briller, nous donnons sans en être conscient la possibilité aux autres de faire la même chose. Quand nous sommes libérés de notre propre peur, notre présence libère automatiquement les autres. »

Marianne Williamson

Semaine I

JE SUIS UNE PIÈCE DANS LE GRAND PUZZLE DE LA VIE

La vie offre d'infinies possibilités d'expériences. Le monde qui nous entoure nous renvoie à chaque instant des occasions de nous questionner, nous révolter, nous émerveiller, nous engager.

Les questions auxquelles l'humanité fait face actuellement sont essentielles ; il n'est donc pas étonnant que la quête de sens et la question de la contribution soient devenues centrales.

Depuis que j'accompagne, je vois les changements s'opérer, que ce soit à l'école, en entreprise, dans le milieu médical ou socio-éducatif. Et tout particulièrement sur ce point du sens : qu'est ce qui me fait me lever le matin ? À quoi, pour quoi et pourquoi est-ce que je travaille ?

La fiche de paie est certes indispensable, mais elle ne suffit souvent plus. À l'intérieur, parfois bien cachée, une voix gronde : qu'est-ce qui fait que tu te sens vivant(e) et utile ? À quoi veux-tu contribuer ?

Lorsque j'accompagne sur les sujets de la parole et de la voix, l'enjeu central est précisément celui-là : qu'est-ce qui fait que ma parole d'orateur fait mouche, inspire, convainc, initie l'élan dans les projets et les équipes, contribue au changement ?

Mon expérience m'a appris que c'est quand notre parole est reliée à ce qui fait sens au plus profond de nous : cet endroit qui nous met en énergie, nous permet de nous sentir reliés à quelque chose qui nous dépasse.

On peut l'appeler sens, le vivant, la vie, l'énergie, Dieu, la source, l'inspiration… Chacun lui donnera un visage en fonction de ses croyances, mais il est certain que nous avons déjà tous rencontré ce point central à l'intérieur de nous.

À cet endroit-là, c'est fluide, facile, joyeux, calme, on peut avoir un sentiment d'unité, de plénitude ou se sentir illimité et relié par-delà nous.

Lorsque l'orateur y est connecté, cela porte un nom : le charisme. Il existe en chacun de nous, même chez ceux qui se pensent « timides ».

Il est des orateurs à l'énergie vocale puissante comme Martin Luther King, ou d'autres à la voix centrée et douce comme Thich Nhat Hanh.

Mais ne nous y trompons pas : tous deux sont de grands guerriers de paix. Hyper alignés intérieurement. L'un a été prix Nobel de la Paix, l'autre a été proposé pour l'être.

Tous deux ont creusé des sillons profonds de changement dans le réel, l'un sur la question de l'égalité raciale aux États-Unis, l'autre sur la fin de la guerre du Vietnam. Leur impact se lit à l'aune de manifestations concrètes comme la fin des espaces réservés aux Noirs dans les bus ou les toilettes, ou le nombre de centres de pratique de pleine conscience dans le monde. Mais il se lit aussi dans le changement de regard et de conscience qu'ils ont induit sur les sujets sur lesquels ils se sont engagés.

Convaincre et entraîner les autres à sa suite n'a donc que peu à voir avec le volume de la voix, sauf si on parle dans un environnement très sonore comme une usine ou sur un chantier.

Dans nos vies agitées, au sein de notre monde qui court, il est cependant parfois difficile de nous connecter à cet espace intérieur et de percevoir sa voix. C'est pourtant elle qui a les clefs de ce qui est bon pour nous et de l'endroit où nous nous sentons à notre place, et qui sait nous guider vers cet endroit où nous sommes tout simplement vivants, et pleinement nous-mêmes. Tels que nous sommes. Ni plus, ni moins.

Parce que chacun d'entre nous est une pièce à part entière dans le grand puzzle du monde.

Avez-vous déjà fait un puzzle ? Avez-vous déjà expérimenté combien il est frustrant, voire énervant, lorsqu'il manque à la fin une seule pièce, quelle que soit sa taille ? On ne voit que le vide créé par son absence.

Pour que le puzzle soit complet, on a besoin de chaque pièce dans son intégralité, et non pas avec un coin rogné ou une découpe manquante qui empêcherait la pièce de s'emboîter correctement.

Ma métaphore s'arrête là parce que, autant les pièces de puzzle ont une place assignée, autant la nôtre est en perpétuel mouvement : elle change de forme, de taille, d'endroit, de nom, de couleur, de visage.

Mais, ce qui est sûr, c'est que chacun de nous est une pièce essentielle au puzzle complet.

Dans cette première semaine, faisons donc de la place à notre espace intérieur, et mettons-nous à son écoute pour laisser émerger ce qui va sous-tendre notre parole et alimenter le message que nous voulons incarner.

« Soyez le changement que vous voulez voir dans le monde », disait Gandhi.

Pour lui donner forme, écoutons-nous pour pouvoir être entendus ensuite.

Jour 1

Prendre la parole, faire entendre ma voix : qu'est-ce que cela représente pour moi ?

Accueil

Un ami m'a dit un jour : « pour faire un pas, il faut savoir d'où on part ».

En randonnée, se repérer sur la carte est la première étape pour trouver son chemin. Commençons donc notre randonnée et partons explorer notre rapport actuel à la parole pour pouvoir faire le pas d'après.

Je dis bien explorer. Ce que je vous propose ici, c'est de vivre ce premier jour précisément à la façon d'un explorateur : curieux de découvrir, d'interroger, pour peu à peu voir se dessiner les faits, les représentations, les croyances qui tissent notre rapport à la parole.

Qu'est-ce qui fait que tant adultes que j'accompagne disent « je suis nul(le) à l'oral », « cet exercice-là n'est pas fait pour moi », « je suis obligé de prendre la parole dans ma vie personnelle ou professionnelle, et comme je ne n'aime pas ça, ça me stresse », ou encore le très répandu « de toute façon, je n'aime pas ma voix » ? Comment ces pensées se construisent-elles ?

Nous avons été façonnés par nos expériences : elles ont induit des comportements que notre cerveau a intégré à la façon d'un programme.

Si, enfant, j'ai mis ma main sur une plaque de cuisson rouge et brûlante, mon cerveau a intégré la douleur associée et donc le comportement qu'il ne faut pas approcher mes doigts lorsque le témoin de chaleur de la plaque est rouge. C'est un programme approprié qui me protège.

Mais le programme s'est aussi inscrit si j'ai eu une expérience douloureuse à l'oral un jour de récitation de poésie à l'école primaire. Peut-être ne connaissais-je pas bien ma poésie, peut-être les conditions n'étaient pas encourageantes pour l'expérience (je m'étais disputé(e) avec ma copine à la récré et j'étais très triste…, j'avais un enseignant peu commode cette année-là), peut-être même cette poésie-là ne m'inspirait pas du tout. Mais mon cerveau peut en avoir déduit que parler à l'oral devant un groupe est stressant ou difficile, voire que je suis incompétent(e) en la matière : « je suis nul(le) », « je n'y arriverai jamais ».

Toutes nos expériences construisent nos croyances. Elles sont le filtre avec lequel nous nous représentons le monde.

C'est intéressant d'identifier nos croyances pour repérer le programme qui agit en nous : nous pouvons ainsi retrouver un peu de notre liberté.

À la manière d'un dialogue intérieur, nous pouvons nous dire : « je t'ai vu, mon cher et fidèle programme, mon vieil ami, bienvenue ! Et si tu te représentes, je saurai te saluer de nouveau. Mais je saurai aussi que tu n'es pas tout de moi, tu es juste un programme qui a l'habitude de s'activer, une croyance qui filtre ma vision du monde ».

La voix et la communication sont des sujets qui n'échappent pas à ce fonctionnement. Dans ce domaine aussi, nos croyances agissent pour nous, malgré nous.

Elles peuvent être aidantes, par exemple, si je pense, en tant que militant pour le climat, que « il est important que je partage les informations que j'ai avec le maximum de gens, parce qu'ils pourront eux aussi changer leur comportement » ou que « parler en public est comme un jeu, je peux tenter et recommencer pour apprendre de mes expériences ».

Ou elles peuvent être limitantes, par exemple si je pense « je suis nul à l'oral » ou « ce que je dis n'intéresse jamais personne ».

Si vous lisez ce livre, il est probable que vous pensez que vous avez encore du potentiel à déployer, parce que vous vous sentez limité(e) dans votre expression d'une façon ou d'une autre et que vous cherchez des solutions. Ou bien que vous cherchez des solutions pour les personnes que vous accompagnez.

Aujourd'hui, je vous propose donc de partir en exploration.

La voix et la communication ont à voir avec notre intime. Dans ce voyage, nous allons donc peut-être rencontrer des émotions, imbriquées çà et là dans le système que nous mettons en lumière.

Identifions-les, accueillons-les telles qu'elles se présentent. Si l'une ou l'autre émotion émerge, prenons le temps de lui faire de la place, de la ressentir, de l'écrire et d'écouter ce qu'elle nous raconte : si elle est là, c'est sans doute qu'elle a un message à nous délivrer, qui n'a pas été entendu jusque-là. Prenons le temps de le mettre en mots et de le noter.

Et n'oublions pas : les émotions sont une part de l'aventure, mais pas toute l'aventure. Continuons tranquillement l'exercice.

PRATIQUE PERSONNELLE : MON MANDALA DE LA PAROLE

Matériel : quelques magazines déjà lus.

Les mandalas étaient en premier lieu des aires rituelles dans les pratiques hindoues. Cette organisation de l'espace a été reprise dans de nombreuses pratiques, spirituelles ou non. Ils me rappellent les rosaces que nous trouvons dans nos cathédrales et qui avaient aussi pour fonction de spatialiser un cheminement. Ces formes ont été utilisées par des générations et des générations de personnes en quête de transformation. Venons simplement mettre nos pas dans ceux des chercheurs qui nous ont précédés.

Partons donc explorer notre rapport à la parole et mettons-le en forme dans l'espace du mandala que vous retrouverez dans quelques pages.

Pour faire cet exercice, je vous invite à utiliser l'image. Étant moi-même une piètre dessinatrice, j'utilise une ressource aussi accessible qu'efficace : les magazines que j'ai déjà lus et dans lesquels je découpe des images qui donnent une forme, un visage, souvent inattendus, aux mots qui me viennent. Et, si aucune idée ne vient en réponse à une question, peut-être trouverez-vous dans ces pages en couleurs une image qui vous inspirera ? Vous pouvez bien sûr aussi dessiner ou écrire.

Laissez venir les mots et les images, ne cherchez pas. Laissez-vous surprendre. Ce qui vient… vient. Le reste viendra. Collectez ce que vous pouvez maintenant, en mots et en images. Comme ça se présente. Il n'y a pas besoin de répondre à tout : les questions ci-dessous sont là pour servir de point d'appui à votre exploration.

Et laissez votre esprit ouvert. Peut-être d'autres idées, images, pensées, mots, viendront-ils plus tard aujourd'hui ou un autre jour. Vous ouvrez ici un espace de recherche ; il continuera de s'enrichir dans l'inattendu des prochains jours, si vous le gardez ouvert.

Et surtout : ne jugez rien, prenez les choses comme elles se présentent à vous, avec bienveillance. Tout est OK, et vous pourrez transformer tout ce que vous souhaitez.

Chaque case correspond à une facette du rapport à la parole. Répondez aux questions comme cela vous vient, puis écrivez dans la case en question les mots que vous souhaitez, et dessinez ou choisissez dans les magazines une/des images qui les illustrent, ou qui vous semblent en lien. Vous pouvez les coller dans le mandala de la parole de la page suivante.

Case 1 : Qu'est-ce que je vis quand je parle ?

C'est comment dans mon corps ?

....

Qu'est-ce que je me raconte ?

....

Et si je dessinais ma voix, ça serait comment ?

....

Case 2 : Je me souviens d'un moment que j'ai vécu comme une réussite à l'oral.

Ça peut être un moment pas forcément facile, mais que j'ai considéré comme une réussite (exemple : un oral de langue au bac, alors que je n'étais pas sûr de moi mais qui s'est bien passé).

C'était quand ? Où ? Avec qui ? Qu'est-ce qu'il s'est passé ?

....

Qu'est-ce que j'ai senti dans mon corps ?

....

Qu'est-ce que j'en ai tiré comme conclusion, qu'est-ce que je me suis raconté ?

....

Case 3 : Je me souviens d'une expérience difficile à l'oral.

C'était quand ? Où ? Avec qui ? Qu'est-ce qu'il s'est passé ?

....

Qu'est-ce que j'ai senti dans mon corps ?

....

Qu'est-ce que j'en ai tiré comme conclusion, qu'est-ce que je me suis raconté ?

....

Case 4 : Quels sont les retours qu'on m'a déjà faits ?

Sur ma voix ? Ou sur ma façon de communiquer ? Ou ma capacité à m'exprimer ?

....

Qu'est-ce que je me suis raconté ? Quelles conclusions ou croyances en ai-je tirées ?

....

Case 5 : Qu'est-ce que je voudrais vivre quand je parle ?

Qu'est-ce que je voudrais mettre à la place de ce qui existe actuellement ?

....

Pour répondre à la question, imaginez que vous avez une baguette magique, qu'il n'y a aucune limite ni aucun empêchement, que tout est possible.

Ça serait comment, alors, dans mon corps ?

....

Ça me permettrait de faire quoi ?

....

À quoi je verrai que les choses ont changé ?

....

Case 6 : Qu'est-ce qui m'en empêche pour l'instant ?

....

Case 7 : Qu'est-ce que je veux retenir dans tout cela ?

....

Je choisis ce qui me paraît important à garder : un (des) mot(s), une image, une phrase.

MON MANDALA DE LA PAROLE

Jour 2

Je respire, donc je suis !

Vous êtes-vous déjà demandé comment fonctionne cet instrument étonnant qui s'appelle « la voix » et qui nous permet de prendre la parole ?

Parce que c'est un instrument, au même titre que le violoncelle, la flûte ou la contrebasse !

Comme nous n'avons pas spécialement pris de cours à l'âge de 3 ou 4 mois pour émettre nos premiers sons et qu'il en faut pour apprendre le piano, on a souvent tendance à penser que ce sont des univers différents.

Mais non ! La voix est un instrument à vent, à cordes, avec haut-parleurs intégrés : une véritable sono complète ! De plus, nous avons appris à en jouer de façon tout à fait naturelle et inconsciente. Quelle chance, n'est-ce pas ?

Le moteur de la voix est le souffle. Donc, si j'utilise mieux ma respiration, je vais améliorer « le rendement » de l'instrument, la façon d'en jouer : ma voix va mieux sonner ou résonner, je vais à la fois utiliser moins d'énergie et on m'entendra mieux.

Le mouvement respiratoire

Le corps respire de façon naturelle. Les bébés naissent en respirant de façon complète : leurs petits ventres se gonflent, leurs côtes s'élargissent, et le haut de la cage thoracique ne bouge quasiment pas. On peut le voir encore chez des enfants petits, chez soi si on est parents, à la plage l'été sinon. C'est ce qu'on appelle la respiration costo-diaphragmatique.

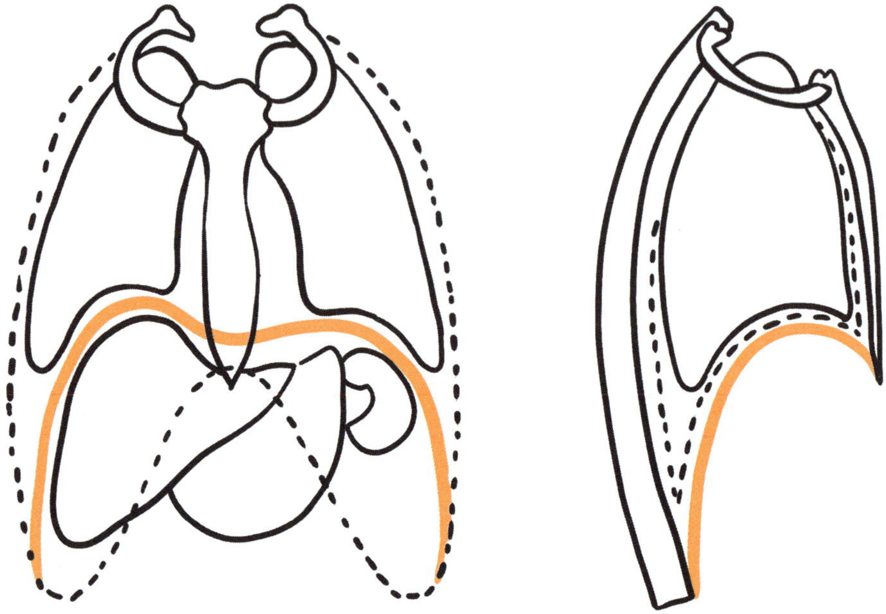

Face Profil

LE DIAPHRAGME

Quand j'inspire, le diaphragme se déploie vers le bas et écarte les côtes.
Quand j'expire, il remonte, et les côtes se rapprochent.

C'est un mouvement qui ne s'arrête jamais. Une inspir est à peine finie qu'une expir démarre, une expir est tout juste finie qu'une inspir démarre. Comme un grand cercle fait d'une ligne continue.

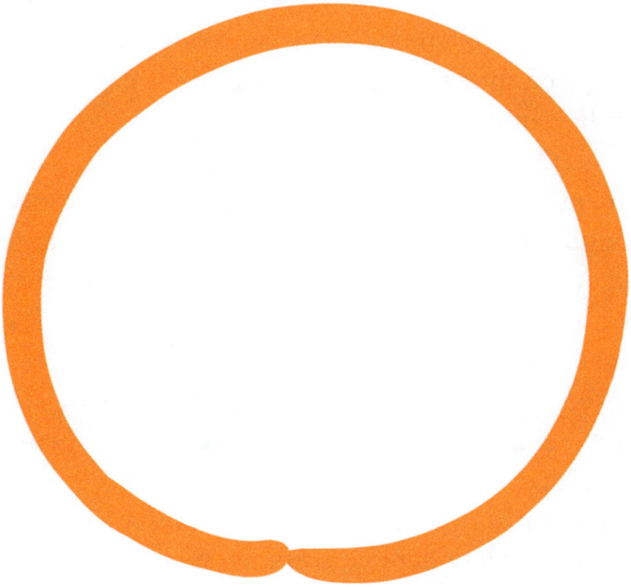

LE CERCLE DE LA RESPIRATION

En réalité, ce cercle, ou cet enchaînement de mouvements respiratoires, a commencé à notre premier cri, lorsque l'air est entré pour la première fois dans nos poumons, et il prendra fin à notre dernier « souffle ».

On dit de quelqu'un qui vient de décéder qu'il a « expiré » : il a rendu sa dernière expiration.

Entre ces deux moments, des centaines de millions d'inspirations et d'expirations : à raison de 12 à 18 respirations par minute, cela donne plus de 25 000 fois par jour, et plus de 700 millions de fois dans une vie, selon l'espérance de vie moyenne.

C'est notre fonction vitale par excellence. Il est possible de rester sans boire et sans manger plusieurs heures, jours ou semaines.

Sans respirer ? 3 minutes.

C'est le moteur de la vie à l'œuvre en nous, à chaque instant.

C'est d'ailleurs tellement vital que nos poumons, qui nous servent à respirer, sont protégés par les os de la cage thoracique, qui jouent le rôle d'une armure très solide.

Concrètement, c'est un mécanisme réflexe gouverné par notre cerveau reptilien, cerveau dont nous ferons la connaissance au jour 4. Ce que nous en percevons à l'extérieur est le mouvement du ventre : à la manière d'un ballon de baudruche, il se gonfle à l'inspir (l'air entre), il se dégonfle à l'expir (l'air sort).

Cela ne veut pas dire que l'air est dans le ventre. L'air dans le ventre, c'est celui qui se manifeste quand nous mangeons trop de cassoulet. L'air de la respiration vient seulement des poumons. Pourquoi voit-on le ventre bouger, me direz-vous ? Parce que le diaphragme, quand il se déploie complètement, repousse les viscères vers le bas. La sensation de respirer dans le ventre n'est pas une réalité, mais cela n'a pas d'importance.

C'est une excellente sensation et un excellent repère auxquels on peut faire confiance.

Tout comme les bébés, nos corps d'adulte respirent de façon complète et continue lorsqu'ils sont détendus : soit lorsque nous dormons, soit lorsque nous nous relaxons.

En revanche, très souvent, la respiration devient partielle ou inversée lorsque nous sommes en action. Partielle, parce qu'au lieu de permettre au ventre de se déployer, elle ne concerne que le haut des poumons (on perçoit alors le haut de la cage thoracique qui monte et descend, alors qu'il ne se passe rien au niveau de l'abdomen) ; inversée, parce qu'on peut observer le ventre qui entre à l'inspir et qui sort à l'expir.

Si c'est votre cas, pas d'inquiétude : votre corps sait respirer dans le bon sens, et de façon complète, 8 heures par jour environ : quand vous dormez.

La question est donc seulement de remettre de la conscience pour récupérer une respiration naturelle quand vous êtes éveillés et pendant les moments d'action. C'est ce que nous ferons tout à l'heure dans notre pratique.

Je me suis longtemps demandé d'où venait cette différence entre la nuit, où chacun d'entre nous respire de façon naturelle et complète, et le jour, où tant d'entre nous – si ce n'est tous – respirons de façon partielle, inversée parfois, courte ou saccadée quasiment toujours. Eh oui, parce qu'en plus, nous sommes très souvent en apnée !

Observez-vous à cet instant. Il est fort probable que vous reteniez votre air : vous êtes en apnée. C'est souvent le cas lorsqu'on se concentre (ou qu'on est ému).

C'est tout simplement dû au fait que nous vivons dans nos têtes, et que nous donnons peu d'attention à ce corps magnifique que nous avons. Aujourd'hui, revenons ici et maintenant, et faisons de nouveau équipe avec notre corps quand nous parlons.

Respiration et parole : inspir ou expir ?

Vous êtes-vous déjà posé cette question, est-ce que je parle en inspirant ? En expirant ? Les deux ? À votre avis ?

Mettez votre main devant votre bouche : inspirez puis expirez par la bouche. Est-ce que vous remarquez que l'air est chaud lorsque vous expirez ? Forcément, puisqu'il vient de l'intérieur du corps, il est donc à 37 °C.

Maintenant, gardez votre main devant votre bouche et dites : « aujourd'hui, nous sommes mardi ». Est-ce froid ou chaud ? Et oui, c'est chaud. Quand je parle, j'expire. Donc, si ma voix ne porte pas assez, qu'on ne m'entend pas suffisamment, cela vient d'une chose très simple sur le plan mécanique : je n'expire pas assez, je garde de l'air à l'intérieur.

La conclusion : **soufflez !**

Une potion magique : le soupir

Lorsque vous étiez petit, on vous a certainement appris à vous brosser les dents. C'est très important pour éliminer le tartre et garder une bonne santé dentaire.

Mais vous a-t-on appris à éliminer le stress ? En général peu. Or il y a plus de stress que de tartre dans nos vies modernes, pour sûr. Je ne suis pas en train de dire qu'il faut arrêter de se brosser les dents. Surtout continuez !

Mais peut-être serait-il judicieux d'avoir aussi une pratique d'élimination du stress ?

Des quantités d'alternatives sont possibles pour cela : faire du sport ou marcher un peu plus dans son quotidien, faire du yoga, du taï-chi, du tricot, de la peinture ou toute autre activité qui vous fera du bien sur ce registre. Surtout, n'hésitez pas à pratiquer ce qui vous fait plaisir et du bien !

Mais nous avons aussi à portée de main un outil magique, une véritable potion magique anti-stress, utilisable partout, qui ne nécessite aucune inscription dans un cours, ni aucune planification dans l'agenda : le soupir.

Le soupir est un mouvement respiratoire qui se déploie vers le haut des épaules avant de laisser la cage thoracique redescendre complètement. En faisant cela, il vient chercher les tensions accumulées dans le haut du corps pour les relâcher.

C'est d'ailleurs ce que le corps fait spontanément quand nous râlons parce que quelque chose nous « pèse ». Notre corps cherche ainsi le moyen de relâcher ce « poids », de l'évacuer.

Faites l'expérience ! Soupirez ! Dès que c'est possible et adapté bien sûr, on n'est pas obligé de partager cela avec les autres, en réunion ou à table…

Bref, **soufflez !**

PRATIQUE PERSONNELLE : INSPIREZ, PARLEZ !

Notre pratique du jour va se dérouler en deux temps :

- un premier temps pour relaxer notre corps et retrouver une respiration plus complète ;
- un deuxième temps pour s'entraîner à parler en respirant.

Étape I : Je relâche les tensions de mon corps et je retrouve ma respiration naturelle

Pour cela, installez-vous confortablement sur une chaise, les deux pieds au sol.
Vous pouvez maintenant écouter l'audio pour vous laisser guider sur l'étape I ou en lire le texte.

Installer une respiration profonde en position assise

Je vous accompagne ici par la voix dans une relaxation du corps qui permet l'installation d'une respiration plus complète. Vous trouverez en fin de journée la transcription du contenu de cet audio.

Étape II : Je m'entraîne à parler en respirant

Maintenant que le corps s'est relâché, il a probablement retrouvé une respiration plus complète et plus calme. Mettons à profit cela dans la parole.

Prenez un article de journal, un livre que vous avez chez vous. Ou bien la Fable de la Fontaine que je vous propose ici et que vous avez peut-être déjà entendue ou apprise.

Regardez les endroits où vous avez les éléments de ponctuation suivants : « **:** », « **.** », « **;** ».

Ils ont été indiqués dans le texte par une petite signalétique qui va vous aider à faire une pause. C'est le moment de reprendre de l'air avant d'entamer la phrase suivante.

Pour vous aider, je vous ai aussi enregistré sur l'audio cette fable en sonorisant les prises d'air. Cela peut être un support pour faire cette expérience, si vous le souhaitez.

Vous êtes prêts ? À vous de jouer.

Le corbeau et le renard

Le corbeau et le renard

Maître Corbeau, sur un arbre perché,
Tenait en son bec un fromage.
Maître Renard, par l'odeur alléché,
Lui tint à peu près ce langage :
« Et bonjour, Monsieur du Corbeau,
Que vous êtes joli ! que vous me semblez beau !
Sans mentir, si votre ramage
Se rapporte à votre plumage,
Vous êtes le Phénix des hôtes de ces bois »
À ces mots le Corbeau ne se sent pas de joie ;
Et pour montrer sa belle voix,
Il ouvre un large bec, laisse tomber sa proie.
Le Renard s'en saisit et dit : « Mon bon Monsieur,
Apprenez que tout flatteur
Vit aux dépens de celui qui l'écoute :
Cette leçon vaut bien un fromage, sans doute. »
Le Corbeau, honteux et confus,
Jura, mais un peu tard, qu'on ne l'y prendrait plus.

Étape III : À vos marques, prêts, respirez !

Tout au long de cette journée, je vous propose de garder la lampe de votre conscience allumée : **écoutez, soufflez ! Respirez, parlez !**

Bonne journée !

Transcription de l'audio

Installez-vous confortablement sur une chaise : le dos calé sur le dossier, les deux pieds au sol. Vous n'avez peut-être pas l'habitude de vous asseoir en décroisant les jambes, mais je vous invite à faire cet exercice en gardant vos pieds en position parallèle pour trouver un bon appui.

Mettez votre attention sur votre pied gauche, puis votre pied droit. Sentez le contact du dessous du pied dans la chaussure, ou avec le sol, et laissez vos pieds se déposer largement.
Votre respiration va et vient tranquillement.

Remontez le long de votre jambe, à droite, à gauche. Sentez vos mollets à l'arrière, vos tibias à l'avant, puis passez l'articulation du genou pour arriver à la partie haute de la jambe. Vous pouvez dessiner mentalement la zone de contact de l'arrière de la cuisse avec la chaise, à gauche, à droite.
Et votre respiration va et vient tranquillement.

On continue à déplacer l'attention jusqu'au bassin. Repérez toute la zone d'assise, et le contact avec le dossier de la chaise. Votre bassin devient lourd et se dépose. C'est la chaise qui vous porte.
Et votre respiration va et vient tranquillement.

À partir du bassin s'érige votre colonne. Vertèbre après vertèbre, remontez le long de la colonne jusqu'à la tête. Vous pouvez faire quelques très légers mouvements pour dodeliner et vérifier que le cou est bien souple et ne retient rien. Votre tête est juste posée au sommet de la colonne vertébrale.
Et votre respiration va et vient tranquillement.

Vous êtes maintenant en conscience de vos points d'appui, sur le sol, sur la chaise, et de la légèreté de votre colonne qui s'érige vers le haut. Je vous invite à imaginer que vos pieds deviennent très chauds. Si vous aimez visualiser, vous pouvez associer la chaleur à la couleur rouge et faire descendre tout le rouge vers vos pieds. Dans le même temps, votre tête devient très fraîche, comme si un petit courant d'air frais venait aérer vos pensées. Vos pieds sont chauds, votre tête est fraîche, et votre respiration va et vient tranquillement.

Savourez cette détente et venez poser vos mains sur le bas de votre ventre. Soufflez longuement et sentez le ventre qui rentre. Puis inspirez lentement et sentez le ventre qui se gonfle. À l'inspir, le ventre va vers l'intérieur du corps, à l'expir vers l'extérieur. Comme un ballon de baudruche qui se vide puis se remplit.

Je vous invite maintenant à faire un grand soupir : les épaules montent le plus haut possible quand l'air emplit vos poumons, puis redescendent lentement à l'expir. Faites trois ou quatre soupirs à la suite. À chaque expir, les épaules peuvent descendre un peu plus bas. Les tensions se relâchent dans les épaules.

Revenez à votre respiration naturelle. C'est comment pour vous ? Est-ce que votre respiration s'est allongée ? Approfondie ? Prenez quelques instants pour revenir ici et maintenant, et ouvrez doucement les yeux quand ce sera le bon moment pour vous. Restez connectés à votre respiration tout en regardant à l'extérieur. Un œil dehors, un œil dedans. Savourez la sensation. Quand vous avez fini, étirez-vous et reprenez votre lecture.

Jour 3

Je suis écouté et entendu… par moi d'abord : mes réussites

Depuis près de 25 ans, à chaque stage que j'ai animé, dès la première heure, j'ai entendu cette question : comment être écouté et entendu, et faire en sorte que la valeur de ma parole soit reconnue ?

C'est souvent une souffrance pour celles et ceux qu'on fait répéter, à qui on dit toujours de parler plus fort, ou qui ont l'impression qu'il est difficile de s'inscrire dans le flot de l'échange : non seulement cela leur demande beaucoup pour intervenir, mais en plus parfois c'est en pure perte, ou presque.

Je voudrais tellement être écouté et entendu…

Mais comment est-ce que je m'écoute, entre moi et moi ? Quelle est la valeur que j'accorde à ce que je dis ?

Si je prends la parole en n'étant pas convaincu de ce que je dis, ou en pensant que cela n'a pas de valeur, en mode « vivement que ce soit fini », mon interlocuteur va le percevoir.

Si je parle en affirmant simplement ma vérité (cela ne veut pas dire par ailleurs que je pense détenir LA vérité), mon interlocuteur va aussi le percevoir.

La valeur de la parole

Entendez-vous la différence dans cet audio entre ces deux cas de figure :

– Lorsque je parle en considérant que ma parole a de la valeur ?

– Lorsque je parle sans y croire ?

Mon expérience, c'est qu'on attend toujours de l'extérieur ce qu'on n'arrive pas à s'offrir à soi-même. Et, quand on y parvient, la question disparaît... Étonnamment !

Quand je m'accorde ma valeur, je n'ai plus besoin de la chercher à l'extérieur. Et, le plus incroyable, c'est que l'autre me la reconnaît alors.

Pour avoir eu la chance de voyager beaucoup, de travailler avec des collègues issus d'autres cultures, et d'avoir eu un de mes enfants qui a fait une partie de son cursus dans des pays anglo-saxons, je me suis aperçue que notre éducation à l'école, en France, est une machine particulièrement efficace pour massacrer (je choisis délibérément ce mot) la confiance en soi.

Quel type de bulletin scolaire avez-vous eu, au long de votre parcours d'enfant et d'adolescent ? Plutôt :

- Bulletin n° 1 : « Noé est un élève curieux, dynamique, toujours force de proposition en groupe. Il a beaucoup progressé dans son écoute en classe. Il peut encore approfondir sa rigueur à l'écrit. »
- Bulletin n° 2 : « 12 de moyenne : peut mieux faire » ; « 16 de moyenne : ne relâchez pas vos efforts. »

Vous reconnaissez ?

Le bulletin n° 1 est un bulletin typiquement anglo-saxon (j'ai des exemples témoins à l'appui) : il s'adresse à l'enfant et, lui parlant de qui il est, valide les apprentissages intégrés, avant de le guider dans ceux à poursuivre.

Le bulletin n° 2 est un bulletin typiquement français, jusqu'à un passé assez récent en tout cas, et qui a donc formé les générations actuelles d'adultes : il définit le jeune par ce qu'il fait et non qui il est, et d'ailleurs surtout par ce qu'il ne fait pas assez ou pas assez bien. La barre est toujours plus haute.

Les croyances « ce n'est jamais assez bien », « je n'y arriverai pas », qui glissent ensuite vers « je ne sais pas faire », « je ne vaux rien » ont été largement construites dans notre système éducatif.

Mais on peut tout transformer, souvenons-nous en.

Tout comme un mur de pierre qui s'est affaissé peut être relevé, je peux, tel un maçon attentif, reconstruire la valeur que je m'accorde et donc celle que je vais accorder à ma parole.

À vous de jouer !

PRATIQUE PERSONNELLE : COMPOSITION DU BOUQUET DE MES RÉUSSITES

Aujourd'hui, c'est donc Noël, c'est le jour des cadeaux : ceux que vous allez vous faire et ceux que vous allez recevoir.

Prenez le temps de vivre cet exercice, de le goûter. C'est une belle journée.

Vous allez récolter les pépites qui sont en vous et les matérialiser dans un bouquet que vous allez vous offrir, et qui vous accompagnera lors de vos prises de parole.

Étape I : Récolte des fleurs

1) Quelles sont les réussites dont je suis fier/fière ?

Cela peut être :

- dans ma vie professionnelle

....

- au cours de mes études si j'en ai fait, ou ce que j'ai réussi de façon autodidacte

....

- dans ma vie personnelle : affective, familiale, amicale, mon/mes lieu(x) de vie

....

- dans mes loisirs ou passions : sportive, créative

....

2) Quelles sont les ressources découvertes à ces occasions ?

- Mes ressources internes ou mes talents : par exemple ma capacité à apprendre, à m'adapter, ma créativité, mon sens pratique

....

- Mes ressources externes : par exemple mes soutiens et sponsors inconditionnels, les personnes que j'appelle volontiers lorsque j'ai un petit « coup de mou »

....

3) Je reçois des cadeaux

- J'appelle ou j'envoie un texto à trois personnes en qui j'ai confiance et je leur demande trois talents qui me caractérisent, selon eux. Avant d'envoyer le message, je vous invite à sentir le lien qui vous unit à chacun d'entre eux : vous pouvez repenser aux bons moments que vous avez partagés, vous pouvez sentir l'émotion qui vous vient quand vous vous connectez à eux.
- Je note les talents récoltés.

....

....

....

....

Étape II : Dessin du bouquet

Vous pouvez prendre des feutres de couleurs différentes pour remplir vos réussites / vos talents / vos ressources et composer ainsi un bouquet coloré et joyeux à partir de ce que vous avez récolté dans l'étape I.

MON BOUQUET DE RÉUSSITES

Après avoir composé votre bouquet, prenez quelques instants pour le contempler.

Que ressentez-vous ? Quelle est l'émotion qui est là ? C'est comment dans votre corps ?

....

....

Voyez-vous la personne magnifique que vous êtes ? Notez la sensation physique que cela vous procure.

....

Étape III : Je complète mon bouquet au fil de mes prises de parole

Emmenez tout cela dans votre journée et, la prochaine fois que vous prenez la parole, prenez soin de visualiser votre bouquet, fait de toutes ces pépites qui vous constituent. Recontactez la sensation corporelle que vous avez notée en contemplant votre bouquet.

Puis prenez la parole

Qu'est-ce que cela change ?

....

Peut-être y a-t-il d'autres pensées qui viennent : voilà une nouvelle fleur à rajouter à votre bouquet !

....

Belle journée !

Jour 4

Je suis un arbre entre terre et ciel : je prends ma place avec ma parole

Il a les yeux de son père. Et le sourire de sa mère ! Oh non, c'est son grand-père tout craché !

Penchée sur le berceau du tout-petit qui vient de naître, la famille en général s'en donne à cœur joie. Et puis, quelques années plus tard, on peut entendre au téléphone « pardon ma chérie, je t'ai prise pour ta mère » ou « c'est incroyable, tu as la voix de l'oncle Alfred à ton âge ! Il t'aurait plu, l'oncle Alfred, il aimait les livres, les blagues et les jeux de société ». Et voilà que notre vieille tante est intarissable…

Eh oui, peut-être certains d'entre vous se souviennent-ils des cours de SVT au collège, des petits pois de Mendel et des lois de la génétique ? Nous héritons de certains caractères physiques de nos ancêtres. Ils sont inscrits dans nos gènes.

Et si nous héritions aussi de systèmes de pensée, de représentations, ou de comportements ?

Les scientifiques s'intéressent de plus en plus à ces transmissions transgénérationnelles, qui font l'objet d'études. Ainsi, les généticiens se sont aperçus que l'environnement (l'alimentation, les conditions climatiques, le stress, etc.) pouvait laisser des traces dans le génome des plantes et des animaux sous forme de modifications, appelées épigénétiques, de l'expression des gènes. Ces modifications sont transmissibles et réversibles, et elles ne s'accompagnent pas de changements dans le support génétique, c'est-à-dire au niveau de l'ADN.

Une étude, publiée en 2013 dans la revue *Nature Neuroscience*, présente les résultats d'une équipe de chercheurs de l'École de médecine de l'Université Emory à Atlanta, en Géorgie. Ils ont exposé des souris à une odeur rappelant celle de la fleur de cerisier tout en provoquant des *stimuli* douloureux. Ils ont remarqué que, chez la descendance de ces souris formées à craindre cette fragrance spécifique, l'exposition à cette même odeur provoque une réaction de rejet. « Ces souris sont capables de détecter et de répondre à une infime quantité d'odeur… ce qui suggère qu'elles y sont plus sensibles » écrivent les auteurs. Dans le cerveau de ces rongeurs, les chercheurs ont également noté que la zone dédiée à l'odorat était plus développée.

Et chez les humains ?

Les études commencent à voir le jour et à donner des premiers résultats. Plusieurs études se sont portées sur les questions de dépression aux deuxième et troisième générations de descendants de migrants, en Europe et aux États-Unis. En 2013, par exemple, une étude a montré que les descendants de migrants à la troisième génération présentaient un sur-risque de psychose, notamment de schizophrénie, par rapport à la population du pays hôte.

En France, dans la sphère grand public, la psychologue et psychothérapeute Anne Ancelin Schützenberger a publié en 1987 un livre devenu un best-seller intitulé *Aïe, mes aïeux !*, dans lequel elle traite de cette question des liens et transmissions transgénérationnels.

Certaines représentations ou croyances qui nous guident nos comportements aujourd'hui ne viendraient alors pas forcément de nos expériences, mais plutôt de l'histoire dont nous avons hérité. En les ayant inconsciemment intégrées, elles se sont mises à gouverner nos expériences, ce qui nous les a donc fait valider.

Elles se sont construites une, deux, trois générations au-dessus. C'est le programme qu'a mis en place ma grand-mère, mon arrière-grand-père, pour répondre à la situation dans laquelle elle/il se trouvait. Ils ont fait au mieux de ce qu'ils pouvaient sur le moment pour se protéger, trouver des solutions dans le présent de leur situation. Mais ce qui était un programme potentiellement judicieux pour eux peut être complètement empêchant pour moi, tant que je ne l'identifie pas. Et le rapport à la parole est un terrain de jeu qui n'échappe pas à cela.

Pour illustrer cela, je vais partager avec vous ce que j'ai vécu pendant les premières années de ma vie de chanteuse professionnelle. Je me mettais dans un état épouvantable avant de monter sur scène : sueurs froides, nausées (jusqu'aux vomissements parfois), j'étais au bord de l'évanouissement. Un vrai mode « panique ». Souvent sans commune mesure avec l'enjeu réel de la situation. Cela m'enlevait tout plaisir de chanter, alors même que c'est une des choses essentielles à ma vie. Pas très confortable pour exercer ce métier vous ne trouvez pas ? Ni très constructif…

Jusqu'au jour où j'ai compris d'où venait ce programme. Mon arrière-grand-père avait dû se cacher pendant la guerre. Qui il était mettait en danger sa vie. Le programme, c'est donc : tu es vu, tu es reconnu, tu es mort. Donc se cacher était une bonne réaction à la situation qu'il vivait.

Mais, pour moi qui en ai hérité, imaginez donc : sur scène, en pleine lumière ? Vous voyez le danger ? C'est un danger de mort. Donc quelque chose en moi faisait tout pour sortir de mon corps, par l'évanouissement ou le vomissement. Le jour où j'ai identifié le programme, cela s'est arrêté instantanément. Le trac, oui, parfois, la panique, non, plus jamais.

Ce programme prenait la forme d'une croyance « pour être heureux, vivons caché » qui m'avait été transmise. Elle peut certainement être aidante dans certains cas. Elle l'avait été pour mon arrière-grand-père. Mais elle ne l'est pas pour monter sur scène devant plusieurs centaines de personnes.

La bonne nouvelle, c'est que, si nous avons hérité de certaines représentations, cela nous permet finalement de remettre les choses à leur place : je peux rendre à César ce qui est à César ! À moi donc de choisir si la croyance ou le comportement que je viens d'identifier me sont utiles ; je peux alors les conserver parce que je les considère comme importants pour moi et les laisser « m'agir ». Mais je peux aussi choisir à l'avenir de les remplacer par une autre représentation ou un autre comportement.

Personnellement, j'ai beaucoup d'estime pour cet arrière-grand-père que je n'ai pas connu. Mais j'ai choisi de remplacer, quand je monte sur scène, « pour être heureux, vivons caché, », par « quand je monte sur scène, je viens semer des graines ». De joie, d'amour, de légèreté, de poésie ; je choisis selon l'envie du moment. Mais cela change la posture, n'est-ce pas ?

Partons donc explorer concrètement si, par le plus grand des hasards, vous auriez hérité vous aussi de représentations ou de comportements venant de vos ancêtres et qui s'inviteraient au moment où vous prenez la parole.

PRATIQUE PERSONNELLE : MON ARBRE DE LA PAROLE

Un arbre, c'est un être vivant debout entre terre et ciel. Il s'appuie sur un réseau de racines qui lui donnent sa stabilité dans le sol et qui lui permettent de déployer de belles et nombreuses branches.

Un être humain, c'est aussi un être vivant debout entre terre et ciel. À la manière d'un arbre, nous sommes ancrés dans le sol par l'intermédiaire de nos pieds. Grâce à eux, nous prenons appui sur nos racines pour savoir d'où nous venons, et nous pouvons alors déployer le haut de notre corps et nous ouvrir au monde extérieur, dans le moment présent. Je parle, donc je suis.

Étape I : Je complète mon arbre de la parole

Les questions qui suivent vont vous permettre de collecter des informations et de remplir votre arbre de la parole dans quelques pages. Sur la droite du dessin, vous trouverez une boîte à compost. Vous êtes libres de choisir votre rapport à votre héritage, vous pourrez donc y noter ce que vous ne souhaitez pas conserver, de façon à ce que cela puisse se transformer.

1) Le terreau : de quoi était fait le rapport à la parole dans ma famille ?

- Est-ce que les enfants avaient le droit de parler à table ?
- Est-ce plutôt une famille du type « secrets de famille » ou « on se dit tout » ?
- Est-ce qu'on se dit des choses positives ?
- Comment ça se passe quand on n'est pas d'accord ?
- Est-ce qu'on peut partager les moments difficiles ?
- Et moi, qu'est-ce que j'ai gardé de tout cela ?

Exemple : peut-être une pudeur à exprimer mes émotions dans une famille où on parle peu ?

2) Les racines : mes ancêtres et leur rapport particulier à la parole

Je visualise ici mes parents, mes grands-parents, ou une personne dans mes ancêtres qui a compté pour moi sur le registre de la prise de parole.

Quel serait le mot qui les caractériserait en ce qui concerne la parole ou leur rapport à l'expression orale ?

3) L'air ambiant : quelles sont les grandes croyances familiales, tous registres confondus ?

Vous savez, ces petites phrases qu'on a entendues, enfant ou adolescent : « À l'impossible nul n'est tenu », « le monde appartient à ceux qui se lèvent tôt »…

- Qui disait cela ?
- Qu'est-ce que cela m'a donné comme forces ou ressources ?
- Qu'est-ce que cela empêche ou rend difficile ?

Je note ce qui me vient à l'endroit de mes ressources ou éventuellement du compost.

Exemple : si la phrase familiale est « le monde appartient à ceux qui se lèvent tôt », et si j'ai intégré cette façon de faire, cela me donne peut-être du courage, de l'élan pour entreprendre, une capacité de travail… Tout en rendant peut-être difficile le fait de savoir ne rien faire (qui est une capacité formidable pour découvrir de la nouveauté).

4) Le tronc : mes ressources ou traits de caractère hérités à l'oral

- De quoi ai-je « hérité » ? En quoi je me reconnais dans mes ancêtres ?

Par exemple, si mon père était une personne très sociable et ma mère plutôt une femme douée d'une grande intériorité, ai-je hérité de la curiosité de mon père, de son élan pour rencontrer d'autres personnes, ou/et de la capacité d'observation ou d'écoute de ma mère ?

5) Le feuillage : ce que je choisis de vivre à l'oral

Les feuilles, comme les fruits, représentent ce qui va fleurir, à savoir le futur désiré, ce vers quoi je veux aller et que j'ai choisi le 1er jour dans mon mandala de la parole (case 5).

Ce n'est peut-être pas mon fonctionnement habituel, mais c'est ce que je choisis maintenant de vivre, d'incarner quand je parle.

Étape II : J'incarne mon arbre

Dans le lieu où vous êtes actuellement, trouvez un endroit où vous pouvez prendre votre place en position verticale et poser devant vous votre arbre de la parole.

Vous pouvez maintenant vous laisser guider par l'audio ou suivre le texte ci-dessous.

J'incarne mon arbre

Offrez-vous un temps de visualisation

Après cette 1re étape qui a sollicité votre réflexion, vous pourrez ainsi vous relier à une perception plus organique de votre arbre de la parole

Vous retrouverez la transcription complète de l'audio à la fin de la journée.

Emmenez votre arbre avec vous, sous forme de feuille de papier ou dans votre imaginaire, à chaque moment où vous parlerez aujourd'hui : c'est un fidèle compagnon pour vous ancrer dans le sol et prendre votre place. Sentez sa solidité et puisez en elle l'énergie pour prendre la parole.

Je vous souhaite une belle journée !

MON ARBRE DE LA PAROLE

Transcription de l'audio

Installez-vous confortablement debout, les deux pieds parallèles, sans bloquer les genoux. Fermez les yeux doucement et prenez une profonde inspiration par le nez... puis expirez lentement par la bouche. Répétez cela trois fois, en laissant votre corps se détendre davantage à chaque respiration.

Maintenant, imaginez un arbre devant vous. Cet arbre est grand, fort et serein. Il est enraciné profondément dans le sol. Vous pouvez voir ses racines dans la terre : elles s'enfoncent profondément ; elles permettent à l'arbre de trouver sa nourriture et lui offrent sa stabilité.

Prenez conscience de vos propres « racines ». Imaginez qu'à chaque expiration, vous vous enracinez un peu plus profondément dans le sol, et que vous allez vers plus de stabilité et d'équilibre. Avec chaque inspiration, ressentez l'énergie de la terre remonter dans votre corps, ce qui vous donne plus de force et de sérénité.

Portez ensuite votre attention au tronc de l'arbre. Il est solide et immobile, peu importe les vents qui soufflent. Imaginez que votre colonne vertébrale est comme ce tronc, forte et stable. Ressentez cette solidité intérieure qui vous soutient.

Regardez maintenant les branches de l'arbre. Elles s'élèvent, elles s'étendent, elles accueillent la lumière du soleil et la douceur du vent. Imaginez vos pensées comme ces branches. Laissez-les passer, libres et légères, tout en restant connectées à votre centre.

Prenez un moment pour ressentir cet équilibre entre vos racines profondément ancrées et vos branches ouvertes vers le ciel. Vous êtes à la fois stable et libre, immobile et en mouvement.

Répétez mentalement :
– « Je suis ancré comme les racines d'un arbre. »
– « Je suis stable comme le tronc d'un arbre. »
– « Je suis libre comme les branches d'un arbre. »

Quand vous êtes prêt, commencez à revenir doucement à votre respiration naturelle. Prenez conscience de votre corps dans la pièce où vous vous trouvez. Bougez doucement vos doigts, vos orteils, et ouvrez les yeux à votre rythme.

Restez connecté à cette image de l'arbre en vous. Sentez que vous êtes « grand et beau » ou « grande et belle ». Prenez le dessin de votre arbre de la parole.

Je vous invite à prononcer à voix haute les trois phrases que vous avez pensées tout à l'heure et d'y ajouter votre futur désiré. Comme ceci :
– « Je suis ancré comme les racines d'un arbre. »
– « Je suis stable comme le tronc d'un arbre. »
– « Je suis libre comme les branches d'un arbre. »
– « À l'oral, je choisis maintenant de… »

Jour 5

Mes personnages intérieurs et leur théâtre

Lorsqu'on est comédien, on a la chance de faire une expérience très particulière au cours de sa vie d'artiste : celle d'incarner des personnages différents, qui nous permettent d'explorer les nombreuses facettes qui nous constituent. Certains comédiens ont même un talent poussé à l'extrême pour incarner une myriade de personnages différents jusque dans leurs corps. C'est le cas de Christian Bayle, Tom Hardy ou Andy Serkis par exemple.

Parfois même, un rôle nous emmène à la rencontre d'un personnage très différent de ce pour quoi on est choisi d'ordinaire, et donc hors de notre zone de confort ou d'habitude : on appelle cela un contre-emploi. Jouer un tel rôle est une mine d'apprentissage pour son métier parce que cela permet d'explorer des espaces intérieurs peu connus.

À l'opéra, les marges de manœuvre sont un peu différentes parce que le type de voix induit souvent des types de rôle. Les sopranos légers jouent souvent des jeunes premières, les basses des sages, des rois et des grands prêtres, les mezzo colorature des jeunes femmes déguisées en homme.

Mais il est quand même possible d'explorer de nombreux terrains de jeu et j'ai eu la chance dans ma vie de chanteuse lyrique de jouer des rôles aussi divers qu'une petite fille de 8 ans, un jeune colporteur amoureux, une bourgeoise bavarde, une reine mourante, une fée sportive et un peu fêlée, une meurtrière manipulatrice et perverse (ce rôle-là a été extrêmement sollicitant !)… et bien d'autres.

La palette de couleurs est donc large et nécessite à chaque fois un engagement corporel autant qu'émotionnel pour faire exister pleinement ce personnage pour le spectateur.

Certains personnages sont plus faciles à incarner, parce que plus proches de sa nature propre ou de son caractère, d'autres donnent plus de fil à retordre. Mais, *in fine*, c'est une expérience aussi riche que ludique, parce qu'elle invite à mettre du jeu à l'intérieur de soi, dans tous les sens du terme.

Du jeu, tel un enfant qui joue et devient pleinement le héros de l'histoire qu'il se raconte, roi, dragon, pompier ou instituteur. Et aussi du jeu à la manière de celui qui existe dans la porte et qui ouvre l'espace. Et c'est bien en jouant avec ses espaces intérieurs, qui prennent le visage de personnages, que le comédien fait son métier.

En faisant cela, il fait la même chose que chacun et chacune dans sa vie quotidienne : il dialogue avec ses personnages intérieurs. La grande différence entre le comédien et celui qui n'a jamais fait l'expérience de la scène, c'est que le professionnel vient mettre de la conscience sur son théâtre intérieur alors qu'on en est souvent inconscient dans sa vie quotidienne.

Mais nous sommes tous bel et bien « agis » par des petites voix intérieures. Elles nous soutiennent ou nous empêchent, elles nous portent ou nous dévalorisent…

Quand vous vous exprimez, il y a un personnage intérieur récurrent qui pointe le bout de son nez : c'est votre « rôle titre ». Et mon expérience me fait dire qu'il vient plutôt dérouler un film du type « scénario catastrophe » que « comédie romantique à succès » lorsqu'on prend la parole.

Quand vous allez intervenir, est-ce que vous vous dites plutôt : « j'ai peur de ne pas y arriver ou de me sentir ridicule », « mais suis-je vraiment légitime ? », « est-ce que je vais être à la hauteur ? » ou bien « pas de souci, ça va bien se passer, parce que je suis courageux » « de toutes les façons, pas de problème, ça s'est toujours bien passé à l'oral, je serai entendue et écoutée, voire convaincante » ? Un peu des deux ? Peut-être, si vous lisez ce livre, est-ce plus souvent le premier scénario qui s'active au détriment du second ?

Je vous propose aujourd'hui de partir à la rencontre de votre théâtre intérieur.

PRATIQUE PERSONNELLE : JE DONNE UN VISAGE À MES PERSONNAGES INTÉRIEURS

Nos grandes mythologies modernes, du Seigneur des Anneaux à Harry Potter, ont remis au goût du jour l'utilisation des images archétypales issues de nos contes, en donnant forme à un monde de dualité dans lequel l'ombre s'oppose à la lumière : Gandalf le sorcier blanc contre Sauron le mage noir, Dumbledore contre Voldemort.

Parmi les personnages de notre théâtre intérieur existent deux petites voix particulières, que j'appellerai notre « magicien blanc » et notre « magicien noir » intérieur, à l'instar de ces grands archétypes modernes.

Étape I : J'identifie mon « magicien noir »

C'est la petite voix du jugement, toujours là pour me saper le moral et dérouler le scénario catastrophe dont je parlais plus haut.

Elle me susurre à l'oreille que je ne vais pas y arriver, que je ne vais pas être à la hauteur, que je risque d'échouer, que je vais être ridicule… et me prédit les plus grands malheurs dans ce cas de figure.

En tant qu'artiste, j'ai bien connu ce personnage intérieur dans mes premières années de scène.

En tant que formatrice et coach, je le vois chez ceux que j'accompagne.

Et vous, que vous raconte votre « magicien noir » ?

....

Quel nom pourriez-vous lui donner ?

....

Quel visage pourriez-vous lui donner ?
Je vous invite à le dessiner page suivante dans l'encart central du magicien noir.

....

Quelles seraient ses grandes croyances ?

....

Quand vous êtes connectés à lui, comme maintenant, comment vous sentez-vous dans votre corps ? Quel est votre niveau d'énergie ?

....

MON MAGICIEN NOIR

MON NIVEAU D'ÉNERGIE

Étape II : J'identifie mon « magicien blanc »

De la même façon que le froid n'existe pas sans le chaud, votre « magicien noir » n'existe pas sans son alter ego positif, votre « magicien blanc ». C'est la fonction du « patronus » dans le monde d'Harry Potter : cette boule d'amour et de lumière devant laquelle l'ombre, le jugement et la peur s'effacent.

C'est la voix du soutien, celle qui croit en vous et qui vous aime, votre meilleur ami.

J'ai découvert un jour une magnifique citation d'Alan Cohen : « Ceux qui vous aiment ne sont pas dupes de vos erreurs passées ou de l'image négative que vous vous faites de vous-même. Ils se rappellent votre beauté quand vous vous sentez laid, votre complétude quand vous êtes brisés, votre innocence quand vous vous pensez coupable ; et de votre objectif lorsque vous ne savez plus où vous en êtes. »

Votre meilleur ami est là, en vous, c'est certain. Peut-être vous n'aviez pas encore fait sa connaissance ? Faites-lui maintenant une place pour l'accueillir et lui donner un visage.

Pour faire apparaître votre patronus ou votre « magicien blanc », reconnectez-vous à un souvenir où vous vous êtes senti fort, solide, où tout était possible, simple et fluide.

Quel visage pourriez-vous lui donner ?

Dans le monde d'Harry Potter, par exemple, le Patronus a la forme d'un animal lumineux. Et pour vous ? Je vous invite à le dessiner dans l'encart central de la page du magicien blanc.

....

Quel nom pourriez-vous lui donner ?

....

Y aurait-il un geste associé ?

....

Que vous raconte votre meilleur ami, votre « magicien blanc », lorsqu'il vous soutient ?

....

Quelles sont ses grandes croyances ? Sa/ses formule(s) magique(s), qui font apparaître en vous la confiance, la stabilité ?

À titre d'exemple, voici une croyance aidante de ma petite voix intérieure positive, mon « magicien blanc » : la vie ne m'envoie que ce que je suis capable de vivre, quelle que soit l'épreuve ou la difficulté apparente. C'est une pensée très soutenante, une vraie formule magique pour traverser les moments de doute.

Et vous ?

....

Quand vous êtes connectés à cette voix intérieure soutenante, comme maintenant, comment vous sentez-vous dans votre corps ? Quel est votre niveau d'énergie ? Est-ce que cela change quelque chose au niveau de l'espace autour de vous ?

....

MON MAGICIEN BLANC

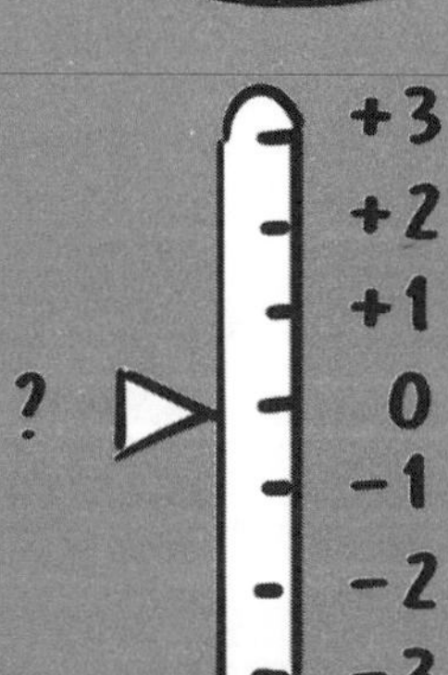

MON NIVEAU D'ÉNERGIE

Étape III : Vous reprenez votre pouvoir sur votre théâtre intérieur !

Vous avez mis un visage et un nom sur deux personnages centraux de votre théâtre intérieur. Vous avez peut-être identifié une grande croyance qui leur appartient. Si ce n'est pas encore le cas, cela viendra sans doute plus tard dans la journée ou dans les prochains jours à mesure de votre compagnonnage avec eux. Ils sont démasqués. Désormais, vous pourrez les reconnaître avant d'agir.

Oh, je donne fort à parier que c'est d'abord votre « magicien noir » qui va pointer le bout de son nez. Vous pourrez donc lui dire : « bienvenue, je te reconnais. Je connais ton nom, je sais ce que tu penses. Mais je sais aussi qu'un autre héros peuple mon théâtre intérieur ».

Vous pourrez faire apparaître mentalement le visage de votre « magicien blanc ». Vous pourrez vous remémorer la/les grande(s) croyance(s) positive(s) de ce personnage intérieur pour venir prendre appui sur lui.

Avec le temps et la pratique, vous pourrez même faire appel à votre « magicien blanc » en première intention, et lui donner la place d'honneur à table, avant même que la voix du jugement ne prenne la parole.

Observez-vous aujourd'hui et dans les prochains jours lorsque vous allez prendre la parole : qui fait entendre sa voix, en s'invitant à l'intérieur de vous ? Comment gérez-vous ce dialogue intérieur entre confiance et jugement, entre « magicien blanc » et « magicien noir » ?

Jour 6

J'identifie mes besoins pour m'engager dans ma parole

Si vous lisez ce livre, c'est que vous voulez faire porter votre voix au service des causes qui vous tiennent à cœur : qu'on vous entende, tout simplement.

La vie est pleine de paroles engagées. Regardez vos fils d'actualité sur les réseaux sociaux. Ils sont un champ d'expérimentation magnifique de la parole. On y trouve de la haine, de l'espoir, de la colère, du jugement, du courage, de l'engagement, du désespoir, de l'amour.

Que ressentez-vous quand vous lisez cela ?

Personnellement, la colère m'agite, la tristesse fait baisser mon niveau d'énergie, l'engagement me dynamise, le courage me redresse.

Chacun de nous peut prendre la parole depuis des espaces intérieurs différents, et donc véhiculer des émotions très diverses. Qu'est-ce que je veux susciter chez l'autre en prenant la parole ? Pour obtenir quoi ? Qu'il soit ému par la situation ? Touché par ma relation au sujet en question ? Qu'il me trouve formidable ? Qu'il s'engage ? Quel est votre véritable objectif ?

Engagement ou colère ?

Je parlais en introduction de cette semaine de la parole de Martin Luther King ou Thich Nhat Hanh : tous deux étaient mus par un engagement de tout leur être pour mettre fin à de grandes souffrances : celles causées par l'injustice de la haine raciale pour le premier et par la guerre pour le second. Ils ont témoigné tous deux des colères qu'ils ont traversées et dont ils ont dû prendre soin. Thich Nhat Hanh, par exemple, a marché des nuits entières en méditant à partir de sa respiration pendant la guerre du Vietnam.

Quand Luther King ou Thich Nhat Hanh ont pris la parole dans le monde, ils ne parlaient cependant plus depuis l'endroit de leur colère mais depuis l'endroit de cette colère transformée en engagement. Et ils ont mis en mouvement des milliers de femmes et d'hommes à leur suite.

Il y a parfois une croyance que plus je suis en colère, plus je suis engagé. Ou que plus je suis en colère, plus je parle fort, plus on m'entend, donc plus je vais convaincre sur les causes justes pour lesquelles je m'engage.

Lorsque je parle sans colère, cela ne veut pas dire que ma parole est sirupeuse ou « Bisounours » – pour reprendre une expression à la mode. Cela ne veut pas dire non plus que je ne regarde pas les choses telles qu'elles sont et que je vis dans un monde enchanté ou irréel.

C'est en réalité une question d'alchimie. L'énergie de la colère, lorsqu'elle est transformée, devient une formidable énergie d'action et d'engagement, capable de mettre en mouvement non seulement soi-même mais aussi l'autre. Un peu comme une médaille qui aurait deux faces : pile, la colère, face l'action et l'engagement.

La parole devient alors porteuse d'énergie, de vie, de mouvement. Elle met alors en mouvement ceux qui écoutent.

Nos systèmes d'alerte émotionnels

Notre système émotionnel fonctionne comme un radar qui nous permet d'appréhender le monde dans lequel nous vivons.

Nos émotions sont organisées selon une échelle, des émotions les plus négatives aux plus positives, ou des émotions les plus lourdes et denses aux émotions les plus légères et subtiles. Lorsque la colère tombe, on accède à la tristesse. Vous l'avez sans doute déjà expérimenté. Et, si l'on écoute derrière la tristesse, il y a souvent une peur primaire enfouie qui n'a pas été entendue.

La colère dont nous venons de parler est donc le point de passage pour remonter dans l'échelle des émotions depuis le désespoir, la peur et la tristesse à la rencontre du courage, puis de l'espoir et, au sommet de l'échelle, à celui de l'amour.

Quand elle est là, c'est bon signe : je suis en chemin pour remonter l'échelle.

L'ÉCHELLE DES ÉMOTIONS

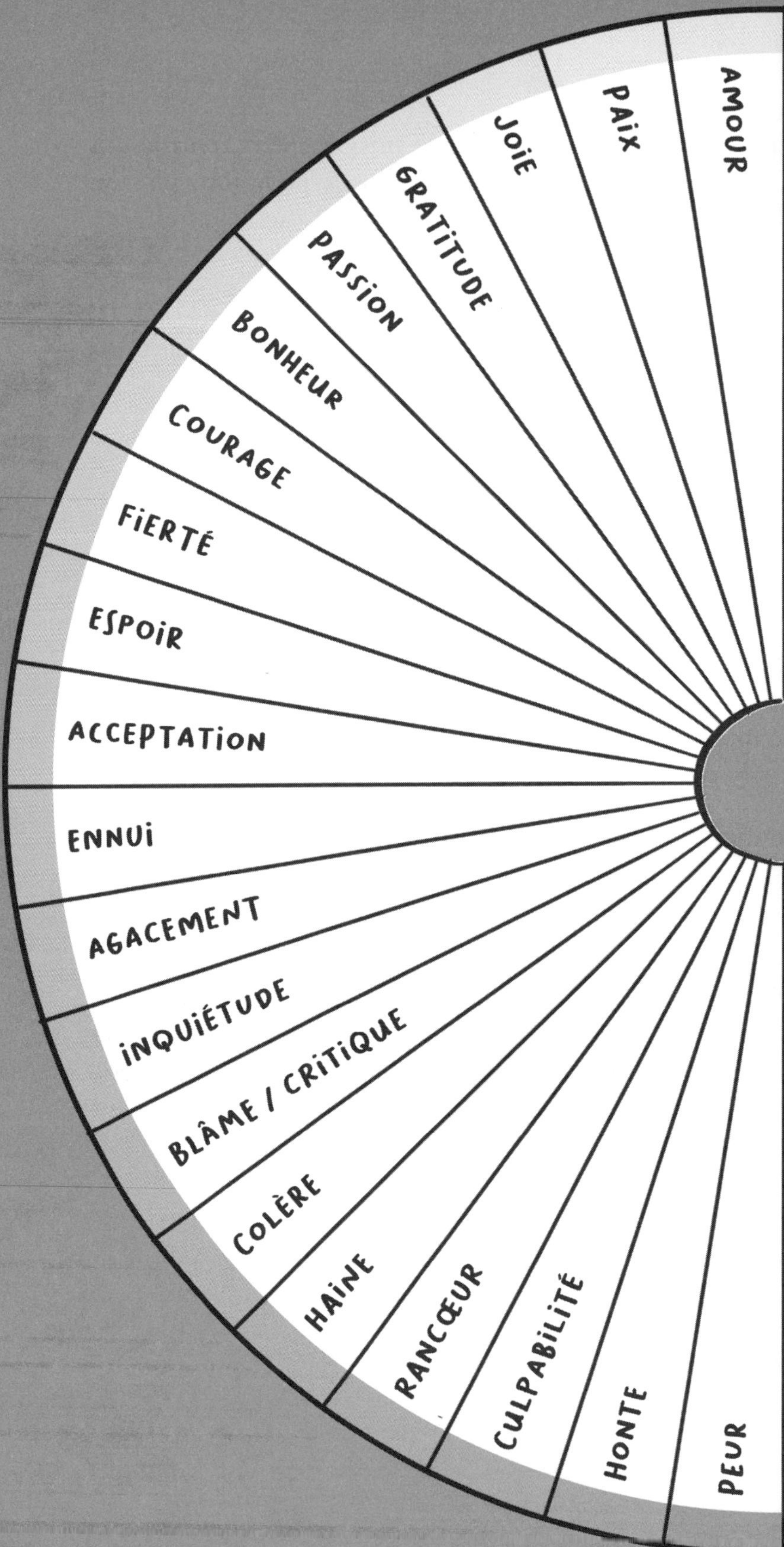

Nos émotions du bas de l'échelle ne sont donc pas du tout à refouler ou inhiber, sous prétexte qu'il ne serait pas bien de les ressentir.

Elles sont porteuses d'un cadeau caché. Lequel ? Elles entrent en scène lorsque des besoins qui nous sont fondamentaux ne sont pas respectés : dans le cas de Martin Luther King, probablement le respect de l'individu dans son intégrité, dans celui de Thich Nhat Hanh probablement celui du respect de la vie elle-même.

Pour reprendre l'exemple des réseaux sociaux, on peut repérer quantité de besoins fondamentaux non respectés derrière les textes publiés. Ils sont le moteur de la prise de parole de leurs auteurs. Et il faut bien un moteur pour avancer, n'est-ce pas ?

Quand je vais prendre la parole, il peut donc être intéressant de mettre de la conscience sur le besoin fondamental chez moi qui se cache derrière l'émotion qui s'active.

Si j'écoute l'émotion négative qui s'anime en moi en regard d'une situation, je vais ainsi accéder au message qu'il y a derrière : le besoin caché qu'elle protège et, au-delà, la valeur ou la vision du monde qu'elle manifeste. De la même façon, si j'écoute l'émotion positive qui s'anime en moi en regard d'une situation, je vais aussi accéder au message qu'il y a derrière : la valeur ou la vision du monde qu'elle protège.

Je peux ensuite de nouveau choisir : parler depuis l'endroit de l'émotion brute, ou parler depuis l'espace de ma vision du monde et des valeurs qui lui sont associées (ce qui n'empêche d'ailleurs pas de partager mon émotion, mais qui permet qu'elle ne me gouverne pas).

Ainsi, quand Martin Luther King a pris la parole le 28 août 1963 à Washington, il n'a pas dit « nous vivons dans une société insupportable », « à bas les États-Unis et leur injustice raciale », ou toute autre formule… Non ! Il a dit « J'ai un rêve », et il a décrit son rêve d'égalité et de liberté émergeant d'un monde marqué par l'esclavage et la haine. Et son rêve a été si fort qu'il a transformé la société américaine, en mettant en mouvement à sa suite des millions de femmes et d'hommes.

Quand nous prenons la parole, que cherchons-nous ? Est-ce que je souhaite que mon interlocuteur entende le besoin caché chez moi et en prenne soin ? Ou qu'il se mette en mouvement au service d'une cause qui nous sollicite parfois jusqu'au plus profond de nos cellules, mais qui nous dépasse largement ?

Nous qui voulons avoir de l'impact sur le monde pour le faire changer, que souhaitons-nous susciter chez l'autre ?

Le réel qui nous entoure est plein de faits qui peuvent nous faire réagir. Mais est-ce que je veux réagir ou agir ? Est-ce que je veux parler depuis l'endroit de la colère « contre », de la tristesse « de » ou depuis celui de l'engagement « pour » ou « avec » ?

Tout est possible. Et tout est OK. C'est notre choix à chaque instant, et il est infiniment respectable. Cela ne donnera juste pas le même résultat, il faut simplement en avoir conscience, parce que notre parole sème des graines dans le monde.

PRATIQUE PERSONNELLE : DE L'ÉMOTION AUX BESOINS ET VALEURS ESSENTIELS

Prenons donc aujourd'hui un temps pour écouter ce qui se cache derrière les émotions fortes qui se manifestent lors de nos prises de parole

Étape I : J'identifie un besoin et une valeur essentiels pour moi

À la rencontre de mes besoins et de mes valeurs

Dans cet audio, je vous accompagne pour venir à la rencontre d'un besoin et d'une valeur essentiels pour vous. Ou peut-être plusieurs d'entre eux.
Vous trouverez la transcription complète de l'audio à la fin de la journée.

Pendant cet exercice de visualisation, vous avez identifié un ou plusieurs besoins fondamentaux, qui s'activent chez vous lorsque vous prenez la parole sur des sujets qui vous tiennent à cœur. Vous pouvez aussi en formuler d'autres à partir de la liste ci-dessous.

Il n'est pas toujours évident de mettre des mots sur nos besoins, parce qu'on n'a que peu été éduqué à cela. Or il est naturel et légitime d'avoir des besoins.

Offrez-vous donc ce temps. Et notez ici les besoins fondamentaux qui sous-tendent vos prises de parole :

....

....

....

....

....

LISTE DE BESOINS

(non exhaustive...)

- **Besoins de survie :** abri, nourriture, mouvement, sécurité
- **Besoins d'autonomie :** affirmation de soi, liberté, indépendance, calme, espace pour soi, choix
- **Besoins de nourriture** (au sens large) : affection, sensibilité, détente, loisirs, soins, toucher, tendresse
- **Besoins d'intégrité :** authenticité, honnêteté, connaissance de soi, estime de soi, respect de soi et de ses rythmes, but
- **Besoins d'expression de soi :** accomplissement, créativité, apprendre, maîtrise, action, évolution
- **Besoins d'ordre mental :** clarté, discernement, analyse, compréhension, conscience, simplicité, stimulation
- **Besoins d'ordre social :** amitié, amour, appartenance, confiance, contact, écoute, justice, équité, donner, servir, contribuer, recevoir, partage, respect, reconnaissance, tolérance, stabilité

Quelle est la valeur essentielle qui se cache derrière ce besoin ? Autrement dit : quand ces besoins sont satisfaits, qu'est-ce que cela permet de nourrir d'important pour moi ?

Ainsi, les colères qui s'activent à l'oral peuvent par exemple manifester un besoin de respect, et mettre à jour l'importance de la valeur « Justice ».

Mes valeurs essentielles :

....

....

....

Ça serait comment un monde dans lequel cette valeur serait vécue et respectée par tous ?

....

Y aurait-il une image qui symboliserait cela ?

....

Vous pouvez noter les informations que vous avez collectées dans la page ci-jointe pour visualiser l'ensemble du système.

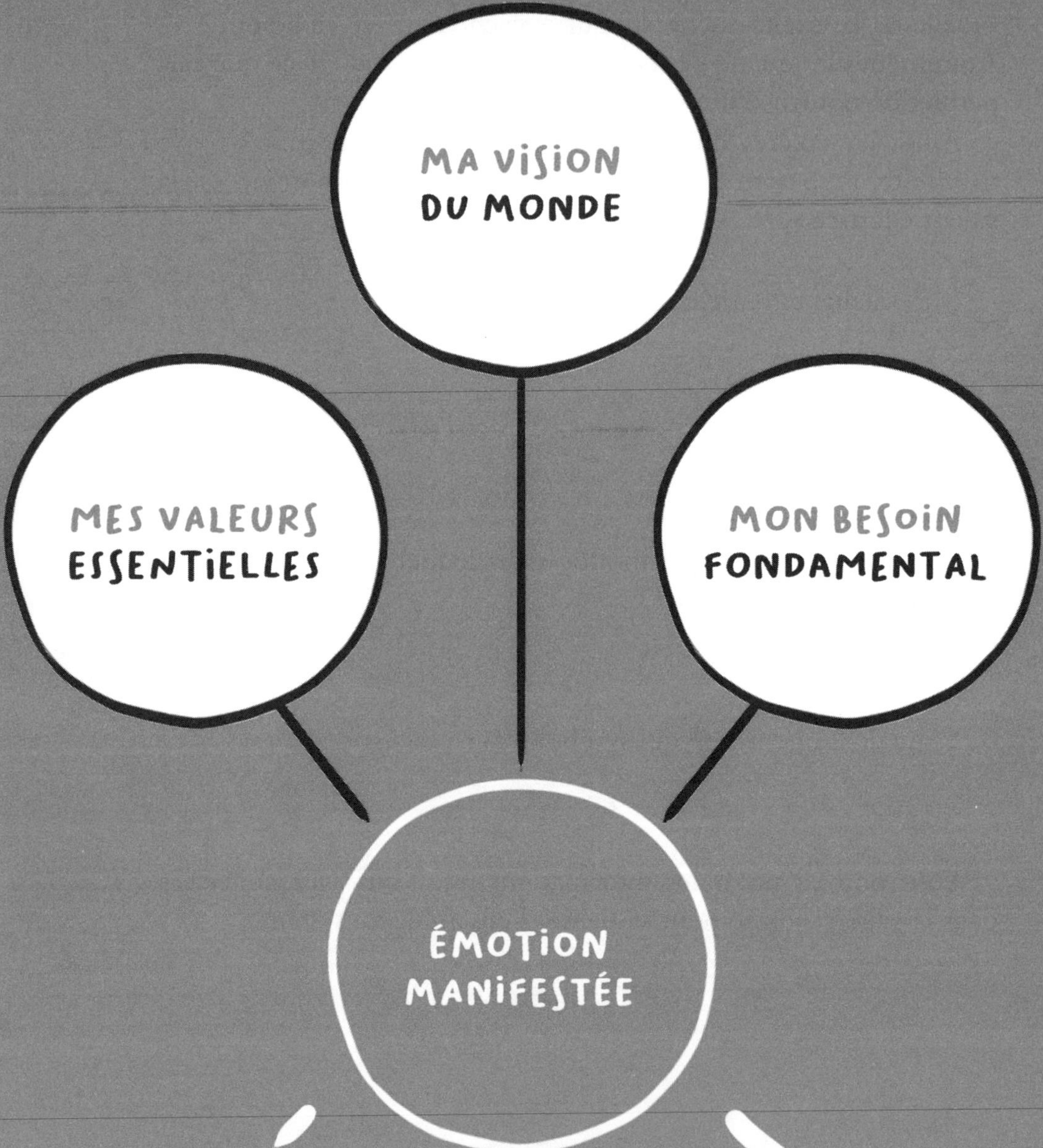

MES ESSENTIELS DERRIÈRE L'ÉMOTION

Étape II : Je nourris ce besoin

Je choisis le petit pas, l'action simple et facile à mettre en œuvre, qui me permettra, aujourd'hui, de prendre soin de ce besoin et d'y répondre.

En faisant cela, je nourris une valeur essentielle pour moi, et je n'attends pas que le monde extérieur s'en charge à ma place.

Quel est donc votre petit pas du jour, votre action concrète pour répondre à ce besoin que vous avez identifié ?

....

Bonne journée !

Transcription de l'audio

Installez-vous confortablement et respirez trois fois tranquillement. Vous pouvez fermer les yeux pour vous connecter plus facilement à votre monde intérieur.

Laissez venir un moment où vous avez pris la parole de façon fluide, simple, où vous vous êtes senti bien et à votre place, où vous avez eu la sensation de dire ce que vous vouliez.

C'était où ? Quand ? Avec qui ?

Je me remets dans le moment.
Qu'est-ce que je vois ? Qu'est-ce que j'entends ?

C'est comment dans mon corps ?

Quand je vis ce moment, de cette façon, ça me permet de répondre à quel(s) besoin(s) important(s) pour moi ?

Quand ce besoin est satisfait, qu'est-ce que cela permet de nourrir d'important pour moi ? Quelle valeur essentielle ?

Y a-t-il une image associée à ce moment agréable ? Ou un geste ?
Prenez le temps de laisser venir. Faites éventuellement ce geste.

Goûtez cette expérience tout le temps qui vous est nécessaire.
Quand ce sera bien pour vous, respirez profondément, étirez-vous et ouvrez les yeux.

Jour 7

Je nomme ce que je veux créer dans le monde : la liste de mes envies

En ce dernier jour de la semaine, nous allons commencer avec une histoire.

C'est l'histoire d'un homme au bord d'une route. Il entend au loin le galop d'un cheval qui, peu à peu, lui apparaît. Sur le cheval lancé à pleine vitesse est assis un homme. Lorsque le cheval et l'homme passent devant lui, il crie à l'homme : « où vas-tu si vite ? » L'homme, déjà loin, lui répond : « demande au cheval ! »

Nous vivons dans un monde où tout va vite, tout particulièrement si nous vivons en ville ou si nous avons une famille dont nous prenons soin. Les choses s'enchaînent. Nous ne sommes pas toujours très clairs sur l'endroit où nous voulons emmener notre cheval, et parfois même nous pouvons avoir l'impression de ne pas tenir complètement les rênes.

Or la vision donne le sens. Et du sens découlent l'action et la parole.

Peut-être avez-vous déjà vécu des moments où vous ne savez plus comment dire les choses ? Et, inversement, sans doute avez-vous déjà vécu des moments où parler est simple, parce qu'on sait bien pourquoi on prend la parole, et dans quel but ?

Pour trouver ou retrouver un mouvement juste et une parole incarnée, il faut retourner à l'essentiel, à l'endroit du sens. Parce que le sens c'est :

- de l'énergie pour se mettre en mouvement ;
- une étoile pour les jours de nuit ou de brouillard ;
- de l'essence pour le moteur de l'action ;
- le cap du bateau, le « pour quoi » j'agis ;
- le souffle qui donne de l'endurance pour surmonter les obstacles qui ne manqueront pas sur la route.

Alors, de quoi avons-nous envie ? Que voulons-nous vivre ? Que voulons-nous créer ? Pourquoi cela vaut-il la peine d'interagir, de communiquer, de prendre la parole ?

Partons explorer cela et le mettre en mots…

PRATIQUE PERSONNELLE : DESSINER LES CONTOURS DU FUTUR

Étape I : Écrire la liste de mes envies

Et si nous nous offrions, en cette fin de semaine, un espace pour réfléchir à la direction vers laquelle nous souhaitons aller ?

Je vous invite à écrire ici la liste de vos envies pour les cinq années à venir. Les choses très simples y ont leur place autant que les grands objectifs. En effet, on peut se mettre en mouvement facilement vers les choses simples, et elles entraînent la dynamique générale.

Quels défis voulez-vous relever ? Dans vos prises de parole ou ailleurs ?

....

Quels engagements voulez-vous incarner ? Pour vous et au service des autres ?

....

Quels moments voulez-vous goûter ? Lorsque vous vous exprimez ou ailleurs ?

....

Quelles rencontres voulez-vous faire ?

....

Vous pouvez reporter toutes ces idées sur la liste ci-après.

LISTE DES ENVIES

Étape II : Commencer à faire exister ce futur réalisé

Pour booster la force d'incarner nos envies ou nos visions dans l'action, nous avons à notre disposition une ressource formidable : la connexion à nos ressentis physiques, c'est-à-dire comment nous allons nous sentir lorsque nous aurons réalisé ce que nous avons choisi.

Je vous propose pour cela une petite promenade dans le futur.

Pour cela, vous pouvez vous aider de l'audio ou faire le parcours à partir des indications ci-dessous :

Promenade dans le futur

Partons en promenade dans le futur. Vous pouvez vous laisser guider par l'audio, éventuellement en mettant en pause pour être à votre rythme.
Ou vous pouvez faire ce voyage en lisant la transcription de l'audio disponible à la fin de la journée.

De retour de votre voyage dans le futur, peut-être avez-vous rapporté une phrase à l'attention de la personne que vous êtes aujourd'hui.

Notez-la ici :

....

Étape III : Créer la boîte de ce qui est

Pour permettre d'incarner ces envies dans l'action, je vous propose un outil que j'affectionne particulièrement : la boîte de ce qui est.

Je vous invite à prendre une boîte que vous aimez.
Écrivez sur son couvercle « Ceci est la boîte de ce qui est ». Vous pourrez par la suite la décorer si vous le souhaitez, mais ce n'est pas nécessaire pour le bon fonctionnement de l'exercice.

Prenez du papier que vous découpez ou des petites cartes de visite blanches. Sur chaque morceau de papier, je vous invite à écrire un des éléments de votre liste des envies. Vous pouvez éventuellement rajouter un morceau de papier ou une carte comportant le message de votre « moi futur ».

Puis mettez chaque élément dans la boîte. Ils existent déjà. Ils sont là. C'est ce qui est. Ils ne sont pas éloignés de vous, à l'extérieur de vous, dans un espace inatteignable. Ils sont là.

Il n'y a plus qu'à les vivre, les uns après les autres.

Au fur et à mesure de la réalisation de vos envies, idées ou projets, vous pourrez écrire « merci » sur le morceau de papier concerné. Je vous donne rendez-vous à la fin de la deuxième semaine pour découvrir l'immense pouvoir de ce mot !

Bonne journée !

Transcription de l'audio

Nous allons visiter ce qui se passe dans trois ans exactement. Par exemple, si vous lisez cette page un 12 octobre 2025, projetez-vous donc le 12 octobre 2028.

Ce jour-là, votre vision, vos idées, vos envies… sont réalisés.

Je vous invite à visualiser une ligne au sol dans la pièce où vous vous trouvez : vous pouvez mettre à un bout le présent d'aujourd'hui (le 12 octobre 2025), et à l'autre la date du futur à laquelle, pour sûr, vos projets seront réalisés (le 12 octobre 2028).

Positionnez-vous sur le présent et avancez vers le futur.

Arrêtez-vous sur la date du 12 octobre 2028 : votre vision est réalisée.

Que ressentez-vous ? C'est comment autour de vous ? Prenez le temps de goûter le moment, l'état dans lequel vous êtes.

À la manière d'un metteur en scène ou d'un réalisateur, vous pouvez changer ou affiner ce que vous voulez pour que le moment soit optimal pour vous. Tournez les boutons du son, de l'image, de la lumière, des odeurs jusqu'à ce que ce soit au mieux pour vous.

Vous pouvez maintenant vous retourner sur la ligne et regarder le chemin parcouru en trois ans.

Qu'est-ce qui a permis que vous en soyez là ? Quelles compétences ? Quelles ressources ? Quelles aides ?

Et si vous parliez à votre « vous » d'il y a trois ans, que lui diriez-vous ?

Retournez-vous de nouveau et reculez jusqu'au point d'origine, en rapportant la phrase de votre moi futur.

Semaine II

J'AI UN MERVEILLEUX INSTRUMENT POUR PARLER : MON CORPS

Pour parler et être entendus, nous nous servons de notre voix. Tout comme le violoncelle, la flûte ou la batterie, la voix est un instrument. Et cet instrument se met en route aux premiers instants de notre vie.

Un bébé qui vient de naître a une voix tellement sonore qu'il réveille un immeuble de six étages sans souci. Peut-être l'avez-vous déjà expérimenté avec vos propres enfants ou ceux de vos voisins.

Et, adultes, nous aurions des difficultés à nous faire entendre ? Pourtant l'instrument a considérablement changé de taille entre ces deux moments. *A priori*, un instrument plus grand devrait sonner au moins aussi fort si ce n'est plus, n'est-ce pas ? À moins qu'il n'y ait un peu de coton dans l'instrument qui ne vienne étouffer le son...

Dans l'orchestre, il y a des instruments à cordes, à vent, ainsi que les bois, les cuivres, les percussions... Et la voix dans tout ça ?

Eh bien, la voix, c'est à la fois un instrument à cordes, à vent, doté de haut-parleurs intégrés. Une affaire, n'est-ce pas ?

Au cours de cette deuxième semaine, partons à la découverte du fonctionnement de cet instrument « voix » et explorons son potentiel parfois insoupçonné !

Jour 8

J'ouvre la porte de la parole : la gorge et le cou

Le son de la voix est émis par l'appareil phonatoire. Celui-ci est constitué du larynx, des cordes vocales, de la langue, des lèvres.

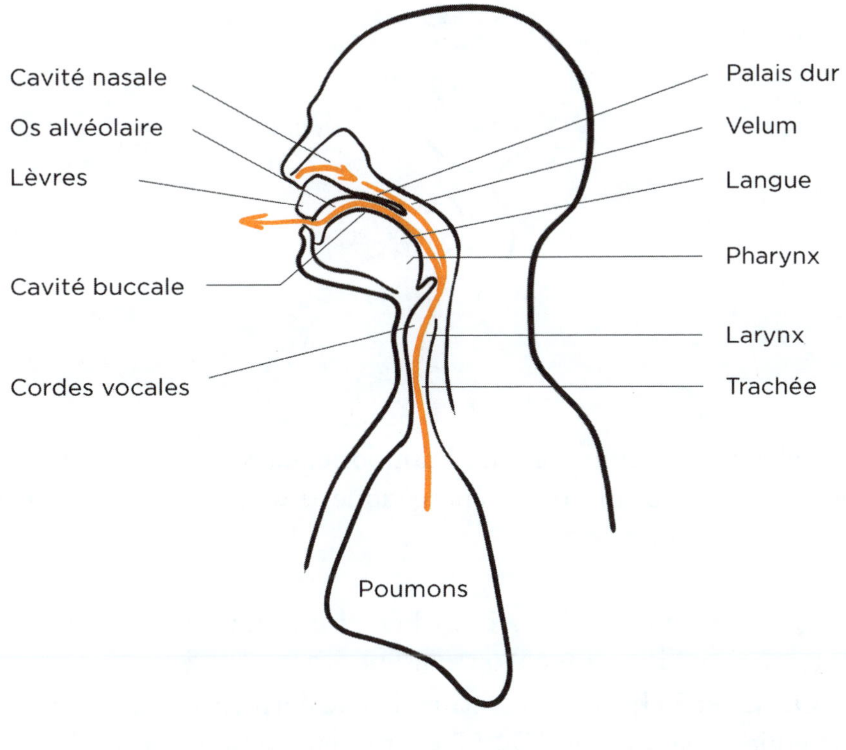

L'APPAREIL PHONATOIRE

Tout ce petit monde fonctionne d'une façon réflexe et optimale à condition qu'on ne lui mette pas de bâtons dans les roues avec un excès de tensions.

Une voix libre et une parole fluide, c'est donc avant tout un cou souple et une mâchoire détendue.

Par ailleurs, de nombreuses traditions orientales disent qu'au niveau du cou se situe un centre énergétique très important, appelé le chakra de la gorge.

Qu'est-ce qu'un chakra ? Chakra est un mot qui vient du sanscrit et qui signifie « roue » ou « disque ».

On aurait 7 chakras principaux dans le corps, par lesquels passent l'énergie vitale ou *Chi* (*Qi*) : 7 centres énergétiques, associés à des organes et en charge de 7 fonctions essentielles.

LES 7 CHAKRAS

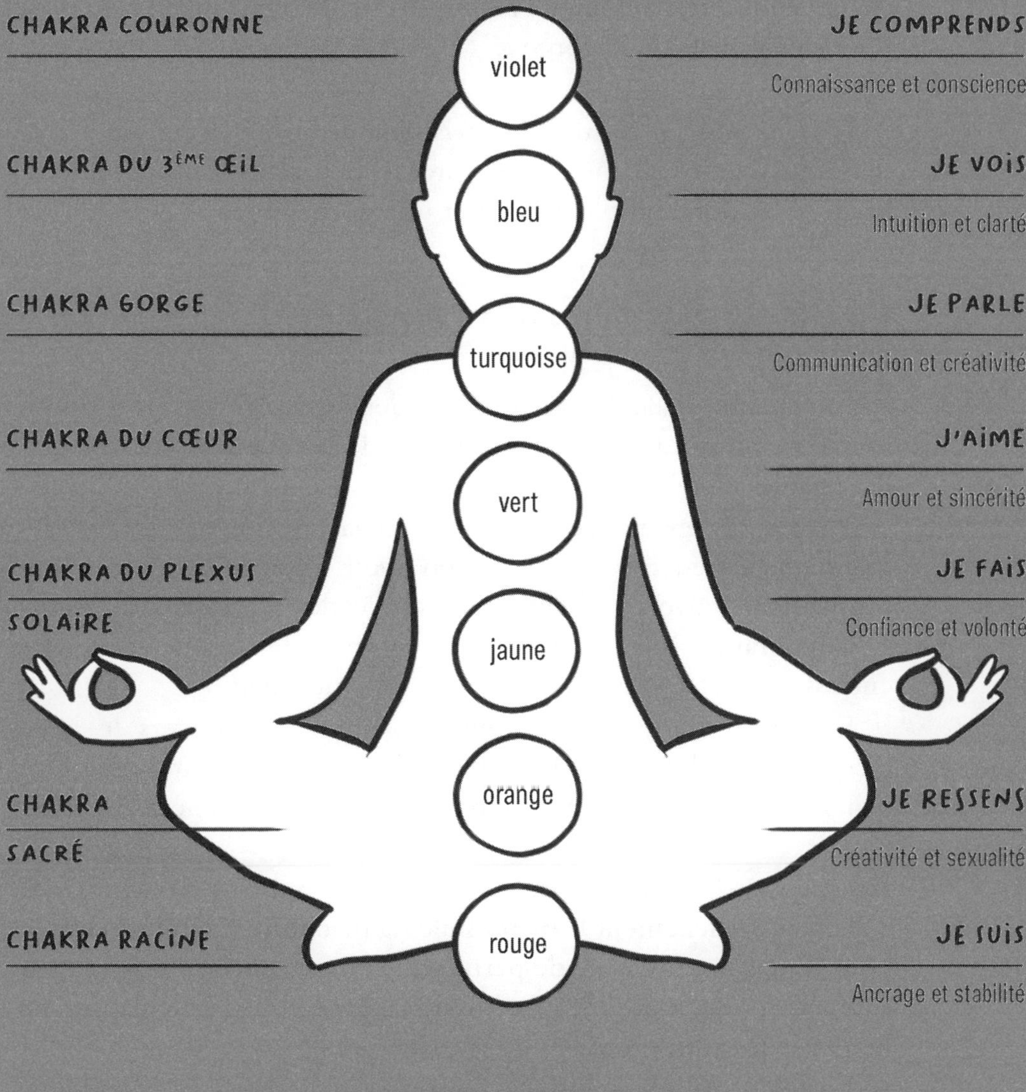

Le chakra de la gorge s'appelle « *Vishuddha* » en sanscrit. Il est associé à la couleur bleu ciel et intervient sur la gorge, les cervicales, la bouche, les bras et les poumons. Il fait le lien entre la réalité personnelle et le monde extérieur, et permet l'expression de l'individu.

Une parole claire, authentique et fluide, c'est donc avant tout un chakra équilibré, dans lequel l'énergie circule bien, quand rien n'est resté « en travers de la gorge ».

Que ce soit en termes de physiologie ou d'énergie, on arrive donc au même endroit : une parole libre, claire, authentique et fluide, c'est donc un cou souple et une gorge libre.

Les deux grands points de vigilance : les épaules et la mâchoire

Sur ce chemin de la détente du cou, deux grands types de tensions sont en embuscade et il est nécessaire de les guetter : les tensions des épaules et celles de la mâchoire.

« Avoir les épaules solides », « avoir la pression sur les épaules avant une épreuve sportive », « en avoir plein le dos », ou tout simplement « avoir sa belle-mère sur le dos » : autant d'expressions courantes qui illustrent bien combien les épaules et le dos encaissent la charge, voire la pression du quotidien.

Elles sont donc souvent tendues, un peu trop vers le haut, raccourcissant le cou et rigidifiant les cervicales. Dans l'exercice d'aujourd'hui, nous allons œuvrer à des épaules relâchées et basses.

Au niveau de la mâchoire se situent les muscles masséters qui couvrent partiellement la mandibule (la mâchoire inférieure) et ont pour fonction principale de permettre la mastication. Ils jouent par ailleurs un rôle pour l'élaboration du langage et de l'articulation, en lien avec les autres muscles de la mâchoire.

Lors du relâchement des muscles masséters, la mandibule s'abaisse. C'est ce qui arrive lorsque nous dormons assis sur une chaise : la bouche peut avoir tendance à s'entrouvrir. Inversement, chez les spationautes en apesanteur, il est nécessaire de fournir un effort important pour ouvrir la bouche !

Vous connaissez l'expression « serrer les dents » pour traverser une situation difficile, tendue, stressante ? Eh bien, c'est exactement ce qu'il se passe. Les masséters se tendent, voire s'hypertrophient et peuvent donner lieu à du bruxisme la nuit (les dents qui grincent).

Alors, en résumé : pour que la voix soit fluide et claire, il faut que la voie soit libre, les épaules relâchées, le cou souple et les mâchoires détendues.

PRATIQUE PERSONNELLE : CRÉER LES CONDITIONS DU BON FONCTIONNEMENT DE SON APPAREIL PHONATOIRE

Dans l'exercice d'aujourd'hui, nous allons donc œuvrer à une mâchoire détendue et des masséters relâchés.

Prêts pour la pratique ? C'est parti !

Le relâchement du cou et l'ouverture de la gorge

Partons pour un voyage au pays de la détente du cou et des épaules, afin de permettre la circulation fluide et naturelle du son.
Vous pourrez retrouver la transcription de l'audio à la fin de la journée.

De retour de votre voyage au pays de la détente du haut du corps, notez vos sensations :

....

....

....

Je vous invite à prononcer quelques mots dans un état de détente. Répétez la phrase plusieurs fois pour repérer vos sensations.

Par exemple :

« Aujourd'hui, nous sommes au jour 8, dans la semaine II. J'ouvre la porte de la parole ».

Comment percevez-vous votre voix ?

....

....

Je vous invite à emmener ces sensations dans votre parole tout au long de cette journée.

Cela peut même devenir une pratique de réveil du corps dans le quotidien, ou tout simplement les jours où vous allez solliciter plus particulièrement votre voix.

Bonne journée !

Transcription de l'audio

Installez-vous confortablement, assis sur une chaise ou en tailleur à même le sol.
Posez vos mains sur vos genoux, les paumes vers le bas et amenez la conscience dans vos épaules.

Prenez une grande inspiration tout en montant vos épaules et en visualisant qu'elles s'éloignent du sol : le cou se raccourcit.
À l'expiration, laissez vos épaules redescendre en visualisant qu'elles s'éloignent du plafond : le cou s'allonge.
C'est un peu comme si nos épaules circulaient sur un rail entre terre et ciel.
Faites ce mouvement 5 fois ou plus si nécessaire.

Puis effectuez lentement des petites rotations de vos épaules vers l'arrière. Portez votre attention sur l'aspect liquide dans l'articulation : « l'huile dans les rouages ».
Respirez tranquillement tout en effectuant ces mouvements et veillez à faire de tout petits mouvements : l'important n'est pas l'amplitude mais la lenteur et la conscience de l'aspect liquide du geste.
Puis inversez le sens du mouvement et refaites quelques petites rotations lentes dans l'autre sens.

Lorsque vous avez fini, repérez si cela a changé quelque chose au niveau de vos épaules : est-ce qu'elles vous semblent plus basses ? Avoir plus de volume ? Ou de poids ?

Amenez maintenant votre conscience au niveau de la mâchoire et laissez votre bouche légèrement s'entrouvrir, comme si vous étiez surpris ou endormi.

Inspirez par le nez et expirez lentement par la bouche sans qu'on entende l'air.

Puis amenez votre regard vers le haut et laissez votre tête s'incliner doucement vers l'arrière. La mâchoire s'ouvre un peu plus loin peut-être.
Amenez ensuite votre regard vers le bas et laissez votre menton se rapprocher de la poitrine. La bouche se referme délicatement.
Effectuez ces mouvements de façon lente 5 ou 6 fois, comme si vous disiez oui avec votre tête. Ici encore, ce n'est pas l'amplitude mouvement qui compte mais la qualité de la lenteur et la conscience de l'aspect liquide de l'articulation.

Nous allons maintenant laisser un peu de son circuler dans la gorge.
Visualisez que votre gorge est un volume, entre l'avant et l'arrière : il y a de l'espace.
Faites un son « o » grave, et laissez la vibration masser l'intérieur de votre gorge.
Vous pouvez imaginer que le son élargit l'espace peu à peu.
Il crée les conditions d'une parole claire, libre et fluide.

Comment vous sentez-vous ? Est-ce différent de vos perceptions habituelles ?

Quand c'est le bon moment pour vous, respirez profondément, puis étirez- vous. Lentement, ouvrez les yeux.

Jour 9

Timide ? Introverti ? Extraverti ?

Peut-être vous dites-vous : « Moi, mon problème c'est que je suis timide » ; « La question, pour moi, ce n'est pas de parler fort ou pas, c'est déjà d'oser parler ».

Je l'ai entendu des centaines de fois, de la part de gens fort intéressants qui faisaient souvent des choses formidables au quotidien.

Ces mêmes personnes souffraient même parfois du fait que leurs actions ne leur étaient pas attribuées, parce que d'autres occupaient le terrain de la parole d'une façon qui leur semblait impossible à reproduire. C'était une bataille dans laquelle ces personnes ne souhaitaient même pas s'engager.

Nous vivons dans un monde de communication, dans lequel faire ne suffit souvent pas : il faut faire savoir, communiquer sur ce que l'on fait. Les réseaux sociaux ont apporté un miroir encore grossissant sur ce phénomène.

Mais en réalité il existe autant de façon de communiquer que d'individus.

Prenons l'image d'un orchestre : on peut y trouver des violons, des flûtes traversières, des harpes, une grosse caisse, une contrebasse. Chaque instrument est unique et apporte une couleur particulière à la musique que tous joueront ensemble. Si l'orchestre n'était composé que de flûtes, ou de violons, ou de grosses caisses, on ne pourrait pas jouer la même musique, n'est-ce pas ? La flûte n'est ni mieux ni moins bien que le violon, la contrebasse n'est ni plus ni moins importante que la grosse caisse. Chaque instrument est important : il a d'ailleurs été choisi par le compositeur pour faire partie de l'ensemble.

Il en va de même pour les orateurs, et vouloir à tout prix ressembler à son voisin ne sert à rien, parce que ce n'est pas possible.

Comme le disait Oscar Wilde : « Soyez vous-même, toutes les autres places sont prises. »

Alors, l'enjeu à l'oral, et le seul à dire vrai, c'est de laisser s'exprimer votre couleur d'orateur, d'être dans votre charisme.

Si vous êtes un volubile, et bien vous parlerez comme un volubile, votre parole sera animée et vivante : votre travail sera alors de canaliser votre énergie, de faire des pauses pour asseoir votre discours.

Si vous aimez avant tout observer et écouter, vous aurez une parole douce, posée, qui rassurera et apportera du calme à votre entourage. Votre travail consistera alors à mobiliser votre énergie et choisir vos mots pour parler peu mais parler bien, tout en ayant conscience que vous offrez aux autres cette belle capacité d'écoute et de recul sur les situations. Quelle chance dans une équipe ou un projet !

Introverti et extraverti

Si je vous dis les mots « introverti » et « extraverti », y en a-t-il un qui vous semble plus attirant ?

Dans 100 % des cas, mes stagiaires me répondent depuis plus de 20 ans : « extraverti, bien sûr ! »

Et pourquoi bien sûr ? Introverti veut dire « mouvement vers l'intérieur » et extraverti « mouvement vers l'extérieur ». C'est comme si on disait que le jour est plus attirant que la nuit, le froid que le chaud, le côté gauche que le côté droit.

Nous vivons dans un monde de dualité, et une chose n'existe pas sans son contraire : chaque médaille a deux faces. Donc, « extraverti » ne vaut pas mieux « qu'introverti ».

En revanche, cela parle de notre société : en effet, elle a valorisé l'extraversion au détriment de l'introversion. Mais c'est ni plus ni moins qu'un code culturel. C'est par exemple rigoureusement l'inverse aujourd'hui au Japon, à tel point que les Occidentaux y sont perçus comme très agressifs.

Introverti veut juste dire : quelqu'un qui a une grande capacité à se relier à son intériorité.
Extraverti : quelqu'un qui a une grande capacité à se relier à l'extérieur.

Le seul petit « hic », c'est que les enfants qui ont une grande capacité à se relier à leur intériorité ont rarement entendu : « oh, comme tu prends bien le temps de tracer tes lettres, comme tu sais bien ouvrir tes oreilles pour écouter les histoires… »

Non, en général, ces enfants-là ont entendu « Premier à la poésie, ça te fera du bien ! » C'est-à-dire que, au lieu d'être reconnus dans leurs belles capacités d'intériorité (merci d'être là, notre monde occidental manque tant de ce talent !), on les a définis comme n'étant pas des extravertis.

Et, du coup, on a dit à ces enfants-là : « tu es timide ».

Mais « timide » n'existe pas !

C'est la définition donnée par des extravertis à ceux qui fonctionnent différemment. Tout le problème, c'est que beaucoup pensent que c'est inéluctable, génétique, ou que sais-je !

En réalité, nous avons chacun en nous les deux mouvements – vers l'intérieur et vers l'extérieur. Et c'est d'abord et avant tout notre corps qui exprime ces différentes postures. Autrement dit, introverti ou extraverti, c'est d'abord physiologique et… très utile !

Mouvement vers l'intérieur et mouvement vers l'extérieur

Regardons comment cela fonctionne. Nous avons trois grandes chaînes musculaires posturales :

- La chaîne avant, qui nous permet ce mouvement-ci, vers l'arrière et vers le bas (position 1).

Profil

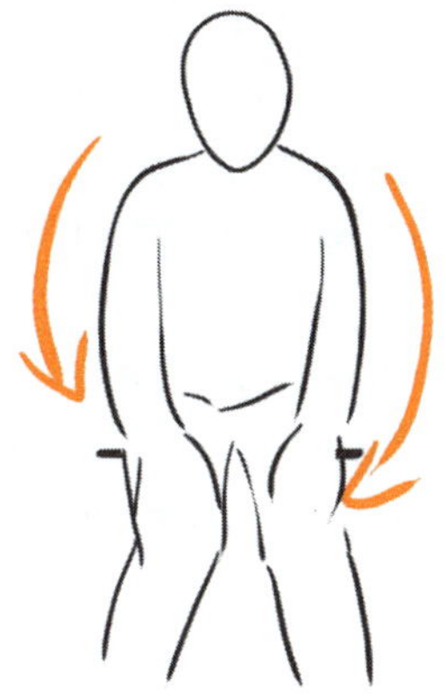

Face

· POSITION 1 ·

CONVERGENCE

- La chaîne arrière, qui nous permet ce mouvement-là, vers l'avant et vers le haut (position 2).

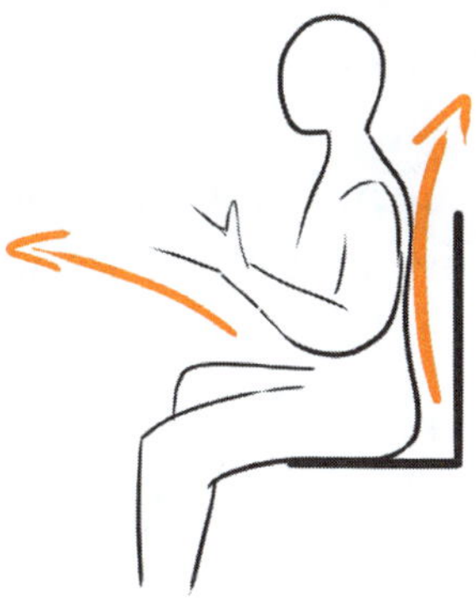

Profil

Face

· POSITION 2 ·

DIVERGENCE

- Et une dernière chaîne, qui fait le lien entre ces deux chaînes et nous permet, tous, de passer d'un mouvement à l'autre tout au long de la journée.

Que faisons-nous dans la position 1 ?

Eh bien, nous observons, nous écoutons, nous réfléchissons. Il est fort probable que cela soit votre position actuellement. C'est la chaîne qui nous permet d'être en lien avec notre intérieur.

Que faisons-nous dans la position 2 ?

Nous agissons, nous parlons, nous interagissons avec les autres. C'est la chaîne qui nous permet d'être en lien avec l'extérieur.

Position 1 : j'écoute, je reçois, je suis en lien avec l'intérieur.
Position 2 : je parle, j'émets, je suis en lien avec l'extérieur.
Et notre journée est un perpétuel va-et-vient entre ces deux mouvements.

La petite cerise sur le gâteau, c'est que nous avons chacun un mouvement qui nous est ressource et qu'on retrouve en pensant à l'enfant qu'on était.

Si notre mouvement ressource nous amène vers l'intérieur : nous étions probablement un enfant qui aimait jouer seul dans sa chambre, qui observait les fourmis pendant des heures ou aimait lire, écouter de la musique, peindre ou dessiner.

Si notre mouvement ressource nous amène vers l'extérieur : nous étions probablement un enfant qui aimait être avec les autres, voire ne pouvait pas rester seul, et qui aimait l'animation.

Et ce mouvement ressource fait partie de notre construction, de notre personnalité. Il se retrouve dans ce qui nous définit plutôt comme un « introverti » ou un « extraverti ». Tout comme l'instrument de l'orchestre, il n'y en a pas un qui soit mieux qu'un autre, et chaque personnalité a des facilités – ou talents – et des points de vigilance à observer.

Mais nous avons aussi chacun les deux mouvements et il est important de les équilibrer. Tout l'enjeu est donc de déployer l'intégralité de nos ressources, de notre potentiel, pour pouvoir jouer, adapter notre posture, au sens propre comme au sens figuré, à la situation.

PRATIQUE PERSONNELLE : MOUVEMENT VERS L'INTÉRIEUR, MOUVEMENT VERS L'EXTÉRIEUR

Dans notre exercice aujourd'hui, partons explorer ces deux mouvements et leurs impacts sur la voix et la parole.

Étape I : expérimentons ensemble ces deux mouvements

Convergence et divergence

Je vous accompagne dans l'exploration du mouvement de l'extérieur vers l'intérieur et vice-versa.
Lancez l'audio et laissez-vous guider ou retrouvez la transcription de l'audio à la fin de la journée.

Étape II : associons ces mouvements à la parole

Prenez une phrase simple : « Bonjour, je m'appelle … » Faites l'expérience de la dire dans un mouvement vers l'intérieur puis dans un mouvement vers l'extérieur.

Repérez vos sensations :

Y a-t-il une différence pour vous sur le plan de l'énergie générale ?

Est-ce que le volume de votre voix est différent (plus fort, moins fort) ? Dans quel cas ?

Quel est le mouvement qui vous donne envie de partager un secret ? Et, inversement, d'exprimer quelque chose qui vous tient à cœur ?

De façon générale, quand la posture en mouvement vers l'intérieur est-elle adaptée ?

Pour écouter, prendre du recul sur une situation

Si je prends la parole dans cette posture-là, ma voix va être plus douce, plus posée, plus calme (même si je suis un orateur plein d'énergie).

C'est très approprié pour lire une histoire le soir à un enfant et l'inviter à glisser dans le sommeil. C'est également un bon outil pour faire redescendre la pression dans une situation agitée ou une réunion tendue.

De même, quand la posture en mouvement vers l'extérieur est-elle adaptée ?

Pour communiquer avec un interlocuteur ou un groupe de façon générale

Si je prends la parole dans cette posture-là, ma voix va être plus énergique, vivante, dynamique (même si je suis un orateur à la grande capacité d'intériorité et d'écoute).

C'est très approprié pour convaincre, emporter l'adhésion, transmettre de l'énergie, engager les autres dans un projet, ou tout simplement leur faire sentir que je m'adresse vraiment à eux.

Vous pouvez désormais choisir lorsque vous prenez la parole d'utiliser une énergie ou l'autre. Il n'y a pas de bonne ou mauvaise posture. Il y aura ce qui vous semblera adapté à la situation.

À vous de choisir !

Bonne journée de pratique !

Transcription de l'audio

Installez-vous sur une chaise, de façon à ce que vos pieds soient bien calés au sol et que votre dos ne touche pas le dossier. Sentez que vos ischions (les petits os pointus dans chaque fesse) sont en contact avec la chaise. Cela permet d'être bien centré. La colonne vertébrale s'érige vers le plafond, comme si votre tête était suspendue par un fil.
Inspirez puis expirez quelques fois, pour détendre les épaules et approfondir la respiration. Vos mains sont posées sur vos cuisses.

Nous allons partir dans un mouvement de convergence vers l'intérieur. Le bassin recule vers l'arrière dans un mouvement de rétroversion, les épaules glissent vers l'intérieur, le dos s'arrondit, les genoux se rapprochent l'un de l'autre, la colonne glisse vers le bas et vers l'arrière. Continuez le mouvement jusqu'à être en appui sur le sacrum, au bas de la colonne. Puis faites un point d'appui. Inspirez. Expirez. Relâchez tout ce qui peut l'être.

Repartons dans l'autre sens, en divergence. C'est comme si un fil invisible accroché entre le pubis et le nombril vous tirait vers l'avant. Le bassin part dans un mouvement d'antéversion, les genoux s'écartent l'un de l'autre, la colonne se redresse vers l'avant et vers le haut, les épaules glissent vers l'extérieur. Faites un point d'appui. Inspirez. Expirez. Relâchez tout ce qui peut l'être.

Puis repartez dans l'autre sens. Le mouvement est lent. Vous pouvez le ralentir et compter jusqu'à 15 secondes pour faire le trajet complet. Faites quelques allers-retours à votre rythme, en marquant des points d'appui pour inspirer, expirer et relâcher tout ce qui peut l'être. Peu à peu, les bras peuvent suivre le mouvement, s'ouvrir dans le mouvement de divergence et s'arrondir vers l'intérieur dans le mouvement de convergence.

Puis revenez à votre position centrale initiale et prenez le temps de sentir la différence.

Quand c'est le bon moment pour vous, ouvrez lentement les yeux.

Jour 10

Je libère mon énergie et mes gestes : je suis vivant !

Nous avons vu hier que nos personnalités se manifestent à l'extérieur par des postures corporelles. Et nos postures ont un lien très important avec la voix, comme nous avons commencé à l'expérimenter.

Prenons une image : imaginons que vous jouez au billard. Si vous faites un coup à trois bandes avec une boule, elle arrivera de l'autre côté avec une puissance moindre que si vous l'envoyez directement en ligne droite. De même, lorsque le corps fait des « coudes », comme un tuyau, la puissance du son qui sort n'est pas la même que si la posture est alignée, la voix est moins assurée, le message moins convaincant.

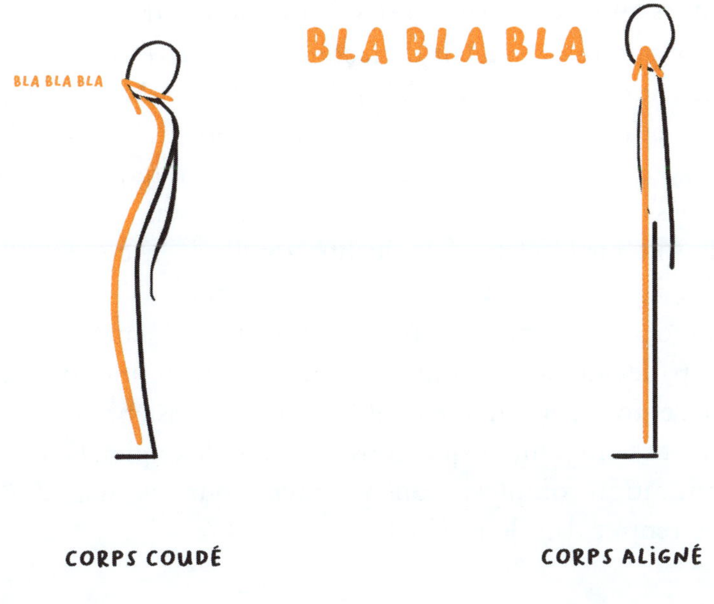

En effet, l'appareil phonatoire, qui préside à l'émission du son, est en lien direct avec l'organisation des chaînes musculaires.

Pour comprendre quelle est la posture qui lui permet de fonctionner de façon optimisée (ce qui veut dire qui permette d'émettre un son qu'on entend bien avec le minimum d'énergie), il suffit de regarder les enfants.

Leur tête est alignée sur le tronc et le bassin, et surtout, ils sont en mouvement, tout le temps ; rester assis de longues heures sur une chaise à l'école leur est d'ailleurs difficile ; jouer près d'une heure, assis à l'équerre par terre, n'est pas un souci.

Et nous, adultes ?

Il nous est bien difficile de rester par terre sans nous contorsionner pour supporter les douleurs dues à la position. Assis sur une chaise, nous croisons quasiment toujours les jambes pour compenser les déséquilibres du tronc, et, debout, nombreux sont ceux qui passent d'un pied à l'autre pour se stabiliser.

En réalité, nous nous mettons de nombreux bâtons dans les roues pour prendre la parole.

Pourtant pas un enfant, et donc en particulier ni vous ni moi dans nos jeunes années, n'a fait un stage pour apprendre à parler.

Cet apprentissage se fait de façon instinctive et par mimétisme, comme chez les colibris, les chiens ou les gazelles. Nous sommes des animaux et notre corps est construit pour émettre un son, comme chez les autres animaux. Notre son est sans doute plus sophistiqué en termes de variété avec l'usage des mots, mais ce n'est pas sûr qu'il le soit sur le plan de la qualité vocale si on compare la voix humaine à celle de certains oiseaux par exemple.

Toujours est-il que, comme chez tous les animaux, nous apprenons à parler de façon instinctive. En copiant le monde qui nous entoure, et tout particulièrement les adultes. Ainsi, nous allons intégrer inconsciemment ce que nous voyons et le copier. Des systèmes d'identification complexes sont à l'œuvre pour cela, mais il n'est pas utile de rentrer dans leur détail.

Ce qui est intéressant, c'est de repérer nos postures corporelles et potentiellement nous dégager de mimétismes inconscients qui pourraient être contre-productifs. Et choisir la posture et la gestuelle qui sera optimale pour nos prises de parole.

Hier, nous avons parlé des postures d'introversion et d'extraversion, et de ce que chaque posture induisait en termes d'énergie et donc de voix. Parce que, vous l'avez compris, la voix, c'est une question de souffle ou d'énergie. Qu'on prenne la question par l'un ou l'autre de ces bouts, cela revient au même.

Pour avoir une parole vivante, convaincante, et qui a du poids, toute la question est donc d'avoir l'énergie à la fois la plus adaptée à la situation et la plus libre. Et de libérer les gestes jusqu'au bout des mains pour parler avec son corps tout entier : c'est ce qu'on appelle « incarner son message ».

Comment fait-on pour avoir un corps vivant et libre ? Quels sont les points de vigilance ?

Les talents et les pièges de « l'extraverti »

Celui qui a un mouvement ressource vers l'extérieur va avoir beaucoup de facilité à parler, à communiquer avec les autres. C'est la puissance de l'énergie en action.

Son risque éventuel : parler pendant des heures, s'écouter parler au lieu d'écouter les autres, faire des phrases longues qui dispersent l'attention de son interlocuteur, mettre trop d'énergie dans sa parole, se laisser emporter par sa colère, s'épuiser dans son engagement, ne pas respirer ou ne pas faire de pauses, avoir du mal à se connecter à lui-même.

Sur le plan corporel, le risque est d'être trop tendu vers l'avant et vers le haut.

Les talents et les pièges de « l'introverti »

Celui qui a un moment ressource vers l'intérieur va avoir beaucoup de facilité à écouter, prendre du recul, observer et analyser. C'est la puissance de la douceur et du calme en action.

Son risque : garder toutes ses belles réflexions pour lui en n'osant pas les partager, parler à mi-voix, se dévaloriser dans un monde occidental qui valorise les extravertis (tout du moins aujourd'hui mais, qui sait, dans cinquante ans, ce sera peut-être différent, puisque ça l'était dans les siècles passés ?)

Sur le plan corporel, le risque est de se tenir avec le plexus légèrement affaissé et les épaules rentrées ou serrées.

Alors, comment faire pour déployer au mieux notre potentiel, en fonction de qui on est ? Et donc avoir une communication qui nous convienne et serve nos intentions ?

C'est notre pratique du jour.

PRATIQUE PERSONNELLE : LIBÉRER SES GESTES ET SON ÉNERGIE

Vous l'avez compris, nous sommes tous différents. Lorsque j'accompagne une personne sur ce registre, je choisis parmi une grande variété d'exercices celui ou ceux qui me semblent les plus appropriés.

Je vous en offre ici quelques-uns. Testez-les. Ils sont complémentaires. Certains vous sembleront sans doute plus appropriés que d'autres. Cela dépendra de votre posture de base (ou « posture ressource ») mais aussi de votre état du moment.
Amusez-vous à expérimenter !

Vous pouvez aussi poser le livre et vous laisser guider par les enregistrements audios

Pratique I : Je redécouvre mon dos et je pose ma voix

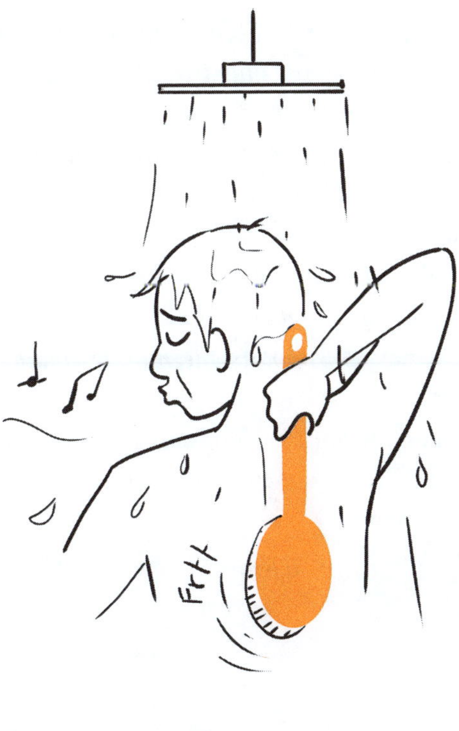

Cet exercice est un magnifique antidote des postures trop tendues vers l'avant ou vers le haut – ce qui peut être le cas de ceux qui sont très facilement en communication, ou de tout un chacun qui se sent très impliqué dans le message qu'il est en train de faire passer.

Vous vous souvenez peut-être du dessin animé du *Livre de la Jungle* ? Je pense souvent avec tendresse à Baloo, l'ours joyeux, qui se frotte le dos contre les arbres en chantant à tue-tête : « avec un mi-ni-minimum, un petit mi-ni-minimum, on prend la vie du bon côté… »

Et si le bon côté, c'était précisément de retrouver son dos, celui qu'on oublie si facilement au quotidien ?

Faisons l'expérience : mettez-vous debout, contre un mur (quand je suis en stage, je propose de faire cet exercice à deux, dos à dos). En d'autres termes : a-dos-sez-vous. Puis laissez-vous guider par l'audio ou suivez le texte ci-dessous.

Un dos vivant

Repérez pour commencer la texture du mur : est-ce une surface très plate, ou bien un vieux mur irrégulier en pierre ? Comment ressentez-vous sa température ?

Portez votre attention sur votre respiration au niveau du dos. La percevez-vous ? Dans le haut du dos ? Dans le bas ? Est-elle rapide ? Lente ?

À la manière de Baloo, frottez votre dos contre le mur. Tous les animaux font cela dans la nature. C'est délicieux.

Vous pouvez varier les supports : le mur, le chant de la porte, le dos d'un fauteuil.

Massez votre dos, du haut en bas, sans oublier l'arrière de la tête et le haut des fesses, souvent très tendu au quotidien lorsqu'on est assis de longues heures.

Puis revenez dans votre posture de départ. Percevez-vous une différence ?

Je vous invite maintenant à parler « à votre dos », comme si vous parliez à quelqu'un situé dans votre dos : racontez-lui à voix haute le début de votre journée, l'heure de votre réveil, ce que vous avez mangé au petit-déjeuner, une pensée ou une émotion que vous avez vécue pour débuter ce jour. Le contenu n'est pas l'essentiel : c'est un prétexte pour émettre du son et ré-investir le volume du corps avec votre voix.

Cela peut vous paraître un peu inhabituel, ou complètement barré, mais faites l'expérience. Dirigez votre attention dans votre dos et sur l'arrière de votre tête lorsque vous parlez.

Vous pouvez aussi mettre une main sur la poitrine en même temps, pour percevoir la vibration de l'avant du corps et réintégrer ains la sensation du volume du corps.

Comment percevez-vous votre corps ? Si vous aviez un adjectif pour décrire comment vous vous sentez à l'issue de l'exercice, ce serait… ?

....

Entendez-vous votre voix différemment ?

....

Cet exercice permet de lui redonner de la profondeur, de la rondeur, du calme, de l'ancrage. Cela donne une parole posée, qui a une autorité naturelle.

Si vous ne le percevez pas, soyez tranquille, les autres l'entendront.

Pratique II : Je libère mon énergie et j'augmente le volume de ma voix

Cet exercice est, quant à lui, un bon moyen de se mettre en route lorsqu'on se sent en sous-énergie, ou un magnifique antidote pour les postures orientées vers l'intérieur, qui caractérisent ceux et celles qu'on fait répéter parce qu'ils ne parlent pas assez fort.

Libérer les gestes et l'énergie

Mettez-vous debout et commencez par faire quelques petits tours avec votre cheville droite. Dans un sens, puis dans l'autre. Puis avec votre cheville gauche.
Faites ensuite la même chose avec vos poignets, à gauche puis à droite.
Respirez en même temps.
Enfin, faites de même avec vos genoux. Les genoux sont une articulation très importante de la communication : le « je-nous », le rapport entre moi et les autres.
Des chevilles, des poignets et des genoux souples, ce sont les conditions pour une communication ouverte et adaptable.
Et respirez.

Une fois cette mise en mouvement effectuée, vous pouvez expérimenter les trois exercices suivants :

1. Laissez faire le mouvement libre de vos poignets, de vos genoux, de votre bassin, de vos chevilles, comme si vous étiez une danseuse balinaise ou une algue dans la mer.

Tout en bougeant de façon souple, dites à voix haute le texte suivant : « et patati et patata, et patati et patata ».
Ce n'est pas du Shakespeare, je vous l'accorde, mais c'est nettement suffisant pour cet exercice. La voix trouve doucement son chemin au milieu de la souplesse. Restez à l'écoute de vos sensations.

2. Revenez au centre et ancrez vos pieds pour faire de grands moulinets vers l'arrière avec vos deux bras, tout en disant le même grand texte : « et patati et patata, et patati et patata ».

Ce mouvement ouvre le sternum et opère comme un grand tire-bouchon qui libère l'énergie contenue au niveau des épaules.

Sentez si le volume de votre voix change.

3. Passez au mode « course » pour tester un autre niveau d'énergie : faites un footing sur place. Tout en courant, dites d'une voix forte : « et patati et patata, et patati et patata ».

Comment percevez-vous votre corps ? Si vous aviez un adjectif pour décrire comment vous vous sentez à l'issue de l'exercice, ce serait… ?

....

Entendez-vous votre voix différemment ?

....

Ces exercices permettent de libérer l'énergie et de redonner à la voix de la vigueur, du dynamisme, et du volume : on parle plus fort, sans chercher à le faire. En réalité, on arrête de retenir le souffle, et donc l'énergie : le rendement du moteur devient bien meilleur. C'est un peu comme si on cessait de conduire en première sur l'autoroute, et qu'on redonnait au corps la possibilité de passer la deuxième, la troisième, voire la quatrième ou la cinquième.

Emmenez dans le fil de cette journée les sensations découvertes dans la pratique de ces exercices.

Bonne journée !

Jour 11

Je danse le mouvement de l'intérieur vers l'extérieur : j'articule

Comme nous l'avons vu au jour 8, au début de cette deuxième semaine, le son est produit au niveau de la gorge par l'appareil phonatoire. Il est ensuite amplifié dans les espaces de résonance du corps, un peu comme ce que fait le son lorsqu'on parle dans une grotte. Il va ensuite sortir par la bouche pour être « projeté » vers l'extérieur, à la rencontre des oreilles des auditeurs.

Tout cela est régi par ce qu'on appelle l'articulation.

Vous avez sans doute entendu, enfant : « il faut AR-TI-CU-LER » ! Et ceci est souvent associé au fait de faire de grands mouvements avec la mâchoire.

Or une articulation efficiente n'a que peu à voir avec de grands mouvements. Je choisis donc de remplacer ici le mot « articulation » par « prononciation », qui est souvent moins chargé de représentations.

Lorsque l'on prononce, on émet des voyelles et des consonnes.
Je vous propose de mettre votre main sur votre poitrine et de dire des voyelles : A, O, I, U, E, OU.

Est-ce que vous repérez la vibration dans votre poitrine ? C'est votre voix. Parce que ce sont les voyelles qui permettent d'émettre la voix.

Voyelle – Voix : c'est la même racine.

Pour que la voix porte, il faut donc laisser suffisamment de temps aux voyelles pour exister : il faut parler à un rythme qui leur permette de résonner. Autrement dit, prendre le temps de laisser résonner les voyelles, c'est permettre à sa voix de déployer son potentiel. C'est-à-dire d'avoir suffisamment de volume pour être entendu.

Mettez maintenant de nouveau votre main sur votre poitrine et dites des consonnes : R, B, D, T, CH, V… Si vous ne rajoutez pas de voyelle avant (è-r) ou après (b-é), vous n'entendrez pas de son.

Les consonnes ne permettent pas d'émettre de son. Leur fonction est de permettre à la voix d'être projetée à l'extérieur : elles sont pour ainsi dire la rampe de lancement du son à travers l'espace.

Prononcer des consonnes précises et percutantes, c'est donc permettre à la voix qui a « résonné » grâce aux voyelles de traverser l'espace jusqu'à l'oreille de son auditoire.

PRATIQUE PERSONNELLE : LA PRONONCIATION

Étape I : Je connecte mon souffle à ma parole

Inspirez, soufflez !
C'est ce que nous avons fait au tout début de notre parcours, vous vous souvenez ?

Au jour 2, nous avons pris du temps pour nous reconnecter à la conscience que notre respiration. Et je vous ai proposé de lire un texte en faisant des pauses pour faire exister des moments d'inspiration avant de parler.

Aujourd'hui, portons notre attention sur la connexion entre le souffle et le son. En effet, plus j'optimise ce lien, plus ma voix est efficace.

Pour cela, je vous propose un exercice tout simple, que vous pouvez aussi faire en vous laissant guider par l'audio.

Connecter le son au souffle pour trouver une voix sonore et souple

Expérimentez le son continu, la parole emphatique, et l'augmentation du volume sonore lorsque le souffle et le son sont connectés. C'est l'inverse de la parole qui peut être perçue comme raide et agressive lorsqu'il y a des micro-apnées.

Nous allons reprendre le « patati patata » d'hier, notre grand texte… Installez-vous debout devant un mur, en veillant à avoir un peu d'espace pour longer le mur avec votre bras. Laissez courir votre bras derrière vous, de façon souple et continue.

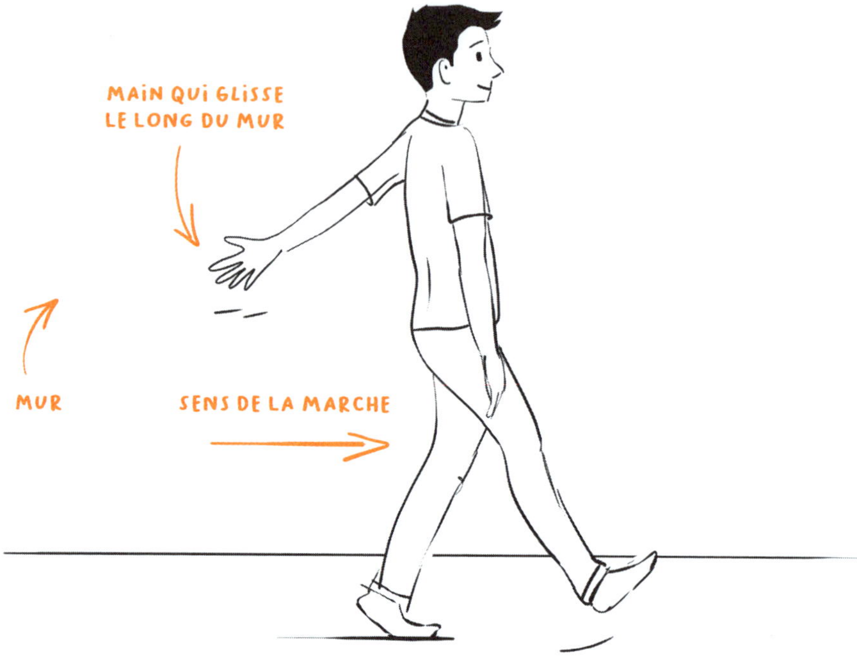

Tout en faisant ce geste, dites tranquillement « et patati et patata, et patati et patata ». Lorsqu'on fait un geste continu, on ne peut pas se mettre en apnée : on s'aide ainsi dans le fait de connecter sans interruption le souffle au son.

Refaites l'expérience quelques fois, pour inscrire la mémoire corporelle de cette continuité.

Puis revenez debout, sans bouger, et redites la même chose.

Sentez-vous que les mots s'écoulent en continu, comme des perles installées côte à côte sur un collier ?

Vous pouvez amplifier le son, et parler d'une manière un peu emphatique, tel qu'on le faisait au théâtre il y a un siècle : cela permet de sentir encore un peu plus ce « parlé-chanté ». Je ne vous invite pas à parler tout le temps ainsi, n'est-ce pas ? Mais seulement à repérer la trace corporelle de ce geste vocal, connectant le souffle au son.

Lorsqu'on parle ainsi, on en a sous le pied ! Autrement dit, on peut augmenter le volume de la voix, parler fort si on le souhaite, et cela ne sera pas agressif, mais au contraire puissant.

Lorsqu'il y a de la retenue, des micro-apnées dans le souffle, augmenter le volume peut donner de la raideur. Aucun risque, lorsque le son arrive en continu, porté sur le tapis du souffle.

Étape II : Des consonnes percutantes et efficaces

Avant d'explorer les consonnes, mettons la bouche en condition. Massez-vous les mâchoires en effectuant des mouvements circulaires, puis en pinçant doucement la peau des joues.

Faites quelques grimaces pour étirer le visage et finissez cette gymnastique en tirant plusieurs fois la langue.

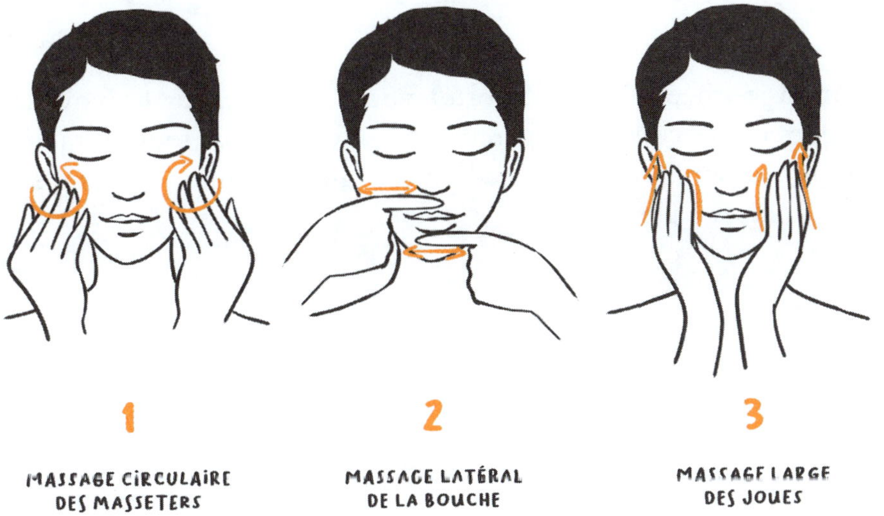

C'est maintenant le moment de vous entraîner à rendre vos consonnes percutantes. L'audio est là pour vous guider, si vous le souhaitez.

Des consonnes percutantes

Prononcez les séries suivantes :
Bi, bu, ba
Pi, pu, pa
Mi, mu, ma
Vi, vu, va

Les lèvres doivent rebondir doucement, comme des bulles de champagne.
Lorsque vous êtes à l'aise, prononcez quelques mots en faisant claquer les consonnes :
« Bonjour, Babeth Bilboquet a bu de la bibine ».

Dans la journée qui vient, portez votre attention sur les voyelles longues ou les consonnes percutantes. Ne faites pas tout en même temps mais amusez-vous avec l'un ou l'autre, comme un jongleur joue avec ses balles.

Bonne journée !

Jour 12

Le trac : je dialogue avec ma peur et je déjoue ses pièges

Lorsque nous prenons la parole, une vieille amie s'invite parfois sans que nous l'ayons conviée : la peur. Elle peut se manifester en bloquant notre respiration, en nous donnant une voix blanche, en rigidifiant nos mouvements, en nous glaçant : bref, en inhibant les capacités de notre corps, de notre instrument, et donc nos capacités d'expression.

Partons donc à la rencontre de la peur… pour déjouer ses pièges et redevenir le capitaine de notre bateau en toutes circonstances !

Avez-vous déjà fait du jardinage ou vous êtes-vous déjà occupé d'une plante d'intérieur ?

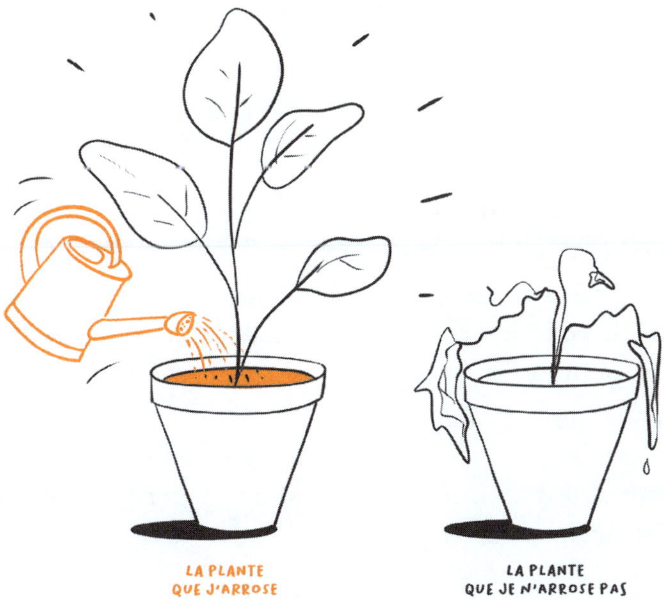

Imaginons que je vous confie deux plantes : l'une que vous allez arroser autant qu'elle en a besoin, ni trop, ni trop peu ; et une autre que vous n'allez pas arroser du tout. Au bout de quelques semaines, quelle est la plante qui se portera le mieux ? La réponse est assez simple, n'est-ce pas ? La première.

Ce qui est évident pour une plante que nous pouvons voir à l'extérieur de nous l'est aussi pour ce que nous arrosons à l'intérieur de nous. C'est ce que raconte cette belle histoire amérindienne.

La légende des deux loups

Un soir, un vieil Indien cherokee raconta à son petit-fils l'histoire de la bataille intérieure qui existe chez les gens et lui dit :
« Mon fils, il y a une bataille entre deux loups à l'intérieur de nous tous.
L'un est le Mal : c'est la colère, l'envie, la jalousie, la tristesse, le regret, l'avidité, la peur, l'arrogance, la honte, le rejet, l'infériorité, le mensonge, la fierté, la supériorité, et l'ego.
L'autre est le Bien : C'est la joie, la paix, l'amour, l'espoir, la sérénité, l'humilité, la gentillesse, la bienveillance, l'empathie, la générosité, la vérité, la compassion et la foi. »
Le petit-fils songea à cette histoire pendant un instant et demanda à son grand-père :
« Lequel des deux loups gagne ? »
Le vieux Cherokee répondit simplement : « celui que tu nourris. »

Nous avons fait la connaissance la semaine dernière avec nos magiciens intérieurs, le blanc et le noir.

Convoquer le magicien blanc de façon consciente, c'est déjà choisir le loup que je nourris à l'intérieur de moi en décidant d'alimenter ma petite voix intérieure positive et soutenante, mon ou ma meilleur(e) ami(e).

Dans notre dialogue intérieur, deux autres personnages attendent d'entrer en scène et d'être nourris : la peur et la confiance.

Penchons-nous aujourd'hui un peu plus précisément sur le loup de ma peur quand je vais prendre la parole, pour lui mettre un visage. Nous allons ensuite découvrir le loup de la confiance et vous pourrez donc ensuite choisir quel loup vous nourrissez.

On y va ?

Le trac

Quand on prend la parole, la peur porte un nom particulier : cela s'appelle le trac.

La première chose importante à savoir, c'est que tout le monde le vit à certains moments. En vingt-cinq ans d'accompagnement et de scène, je l'ai vérifié : 100 % de ceux que j'ai rencontrés l'ont déjà expérimenté.

Pourquoi ?

Parce que la peur est une émotion primaire de survie extrêmement importante. Si je n'ai pas peur quand je traverse la rue et que j'entends un camion arriver à vive allure parce qu'il vient de griller le feu rouge… eh bien je suis mort en quelques secondes ! C'est la peur qui va me faire sauter en arrière et protéger ma vie.

Nous avons un pilote en chef à l'intérieur de notre crâne qui s'occupe de ces manœuvres-là : le cerveau reptilien. Partons à sa découverte pour comprendre comment il s'active dans le mécanisme du trac.

Le cerveau reptilien est celui que nous avons en commun avec le monde animal (parce que nous sommes des animaux nous-mêmes, même si parfois nous l'oublions un peu, etc.). Il fonctionne de la même façon que celui de la gazelle quand elle repère le lion derrière l'arbre.

Le cerveau reptilien est en charge de nous maintenir en vie. Il s'occupe de notre corps et de nos fonctions vitales : ainsi, c'est grâce à lui que nous respirons ou digérons sans avoir à y penser ou à le décider. C'est donc lui qui est à la manœuvre quand il identifie un danger pour nous, comme le camion qui a grillé le feu. Le seul point, c'est qu'il ne fait pas de différence entre un danger de survie réel comme celui-là et un danger imaginaire (par exemple, Robert Schtroumpf est assis au troisième rang, et cela me met dans tous mes états avant de parler).

En quoi consiste son action ?

Lorsqu'il identifie un danger, que ce soit le camion ou Robert Schtroumpf, il déclenche une alerte générale. Pourquoi ? Parce que, pour lui, en cas de danger, il faut pouvoir fuir ou se battre. Et, pour cela, nous avons besoin d'énergie supplémentaire. Il faut donc augmenter notre métabolisme.

Que fait-il alors ? Il envoie un message interne aux surrénales (et oui, nous avons un réseau de communication intérieur ultra sophistiqué !). Celles-ci vont déclencher un shoot d'adrénaline : c'est le signal pour le corps du branle-bas de combat général. Le cœur se met alors à battre plus vite, pour accélérer la circulation sanguine. La respiration monte vers le haut des poumons, pour pouvoir utiliser les alvéoles pulmonaires sont les plus accessibles, ce qui va permettre d'augmenter la capacité respiratoire. Pour courir, nous en avons besoin, n'est-ce pas ?

Donc, quand j'ai peur, parce que mon cerveau a identifié un danger, mon cœur se met à battre plus fort et ma respiration s'accélère. Ça vous rappelle des souvenirs ? C'est donc normal…

Toute la question, c'est que mon cerveau déclenche la même réaction dans le corps dans le cas du camion qui traverse la route et lorsque Robert Schtroumpf est assis au troisième rang. Dans le premier cas, l'énergie dégagée va me permettre de sauter en arrière vivement, me sauvant ainsi la vie. Dans le deuxième, j'aurai tout ce qu'il faut physiquement pour grimper sur l'armoire de la salle de réunion. Mais ce n'est pas approprié…

Toutes ces réactions sont donc normales.

Pour les gérer, je peux respirer, marcher…Et je peux aussi faire en sorte que mon cerveau reptilien identifie un danger moins grand, voire pas de danger du tout, et ainsi déclencher peu ou pas de réactions.

La liste des peurs

Quelles sont donc les peurs qui s'activent lorsque je prends la parole, indiquant ainsi à mon cerveau que je serais en danger ? Au fil des ans, j'ai fait de nombreuses fois cet inventaire, avec des personnes issues de tous horizons et toutes cultures.

Voici les peurs principales qui sont nommées :

- Peur de ne pas être à la hauteur
- Peur d'être jugé
- Peur d'être ridicule
- Peur de perdre mes mots ou ma voix
- Peur qu'on repère mon émotion
- Peur d'avoir un trou
- Peur de décevoir mon interlocuteur, ou de me décevoir
- Peur de ne pas savoir répondre à une question
- Peur de ne pas être légitime

Je vous renvoie au magnifique ouvrage de Lise Bourdeau, *Les Cinq Blessures qui empêchent d'être soi-même*. Dans son livre, l'auteure explique qu'elle a identifié, au cours de ses longues années d'accompagnement, les cinq blessures principales qui sont à l'œuvre chez l'être humain. Elle a même observé que ces blessures peuvent se reconnaître, se lire, sur le corps de chacun, parce que chacune d'entre elles construirait une forme de corps différente. Je me contenterai ici de vous partager ces cinq blessures :

- le rejet,
- l'abandon,
- l'humiliation,
- la trahison,
- l'injustice.

Je trouve la grille de lecture de Lise Bourdeau extrêmement pertinente en ce qui concerne les peurs qui s'activent quand je prends la parole. Par exemple, derrière ma peur d'être ridicule, n'y aurait-il pas une peur d'être humiliée, et donc de revivre une blessure d'humiliation ?

La peur parle donc. Et peut-être aurez-vous identifié quel visage elle prend chez vous dans la grille de lecture de Lise Bourdeau.

Mais nos espaces de confiance parlent aussi, à nous donc de les écouter et de les nourrir.

PRATIQUE PERSONNELLE : LA MARELLE

Explorons aujourd'hui les peurs qui se manifestent lors de la prise de parole, mais aussi l'espace de sécurité intérieur qu'il est possible de convoquer.

Jouons pour cela à la marelle, comme lorsque nous étions enfants. Vous trouverez ci-joint un dessin qui la représente, et qui va vous permettre de la visualiser dans l'espace, là où vous vous trouvez.

Dans la pièce où vous vous trouvez, identifiez l'espace qui pourra être celui de la case 1, de la case 2 et de la case 3.

Vous pouvez enclencher l'audio si vous souhaitez être guidé par la voix pour cet exercice.

Étape I : Identifier ses peurs et les accueillir

La marelle étape I

Allez sur la case 1.
Repensez à une situation X où vous avez eu peur en prenant la parole.
C'était où, quand, avec qui ? Que s'est-il passé ?
Installez-vous dans le moment.
C'est comment dans votre corps ? Quelles sont vos sensations ?
De quoi avez-vous peur ?
Si vous reprenez la grille de Lise Bourdeau, peut-être identifiez-vous une blessure que cette peur protège ?
Un fantôme démasqué fait beaucoup moins peur !

Quand vous avez identifié vos sensations physiques, il n'est pas utile d'y rester trop longtemps.
Reculez alors sur la case 2 et secouez votre corps pour le nettoyer des sensations inconfortables que vous venez de revivre. Vous pouvez vous

épousseter les bras, la tête, bouger de droite à gauche : remettez du mouvement, pour être sûr de bien vous détacher de la case 1.

Étape II : Identifier son espace de sécurité intérieure

La marelle étape II

Avancez maintenant sur la case 3.

Vous pouvez fermer les yeux et repenser à un moment où vous êtes senti extrêmement bien en prenant la parole : tout était facile, fluide, vous étiez sans limites. C'était bon.

C'était où, quand, avec qui ? Que s'est-il passé ?

C'est comment dans votre corps ? Quelles sont vos sensations ?

Quelle émotion y est associée ? Peut-être de la joie, de la paix, ou autre ?

Quel serait le geste qui ancrerait ce moment ?

Étape III : Le pouvoir de la marelle

Voilà. Vous venez de créer votre marelle.

Vous avez vu ? Vous avez fait l'expérience de changer de case et d'état à la fois. En quelques secondes, pas plus.

Lorsque votre trac va s'activer la prochaine fois, vous pourrez choisir de rester sur la case 1 et nourrir le loup de la peur, ou changer de case et venir nourrir l'autre loup, celui de la confiance, de la joie, de la paix ou toute autre émotion que vous avez ressentie. Vous pouvez vous aider du geste que vous avez choisi, ou reconvoquer les sensations que vous avez eues sur la case 3.

Bonne journée !

LA MARELLE

Jour 13

Le silence ou la joie de retourner dans le calme de mon île intérieure

Nous arrivons bientôt à la fin de la semaine. Le sommet n'est pas loin !
Comme en montagne, lors d'une randonnée, arrêtons-nous quelques instants pour une halte bien méritée. Lorsque la marche a demandé un effort, il est bon de s'asseoir sur une pierre, de sortir sa gourde pour se rafraichir et de manger quelques fruits secs en

contemplant le paysage. On peut regarder vers le bas et voir le chemin parcouru… et reprendre des forces pour la dernière étape.

Prendre le temps de s'arrêter… Une pratique que notre civilisation occidentale du début du XXIe siècle a oubliée.

Nos téléphones portables, les mails connectés et les réseaux sociaux ont souvent rempli tous les espaces vides de nos journées. Plus de dimanche à ne rien faire, puisque les supermarchés sont ouverts – ce qui est parfois fort pratique pour faire les courses, il faut bien l'avouer ! Plus d'espace vide, plus d'ennui, plus de temps pour regarder le ciel ou se relaxer. Il est même devenu normal de rester joignable en vacances : c'est si facile, avec les outils modernes.

Il en résulte que notre cerveau ne sait plus s'arrêter de penser. Il est en activité permanente. Ce qui a plusieurs conséquences :

- Les risques de surchauffe liés à cette activité ininterrompue, d'où les fatigues chroniques si répandues ou les burn-out devenus si fréquents ;
- les dérèglements de l'état de santé ;
- la difficulté à se connecter à sa créativité pour laisser émerger de la nouveauté.

Oui, en effet, c'est dans les espaces de silence et de respiration que viennent de bonnes idées, ou la disponibilité pour écouter son proche ou son collaborateur.

Et une bonne idée peut changer le cours d'une entreprise, n'est-ce pas ? La vie économique en est truffée d'exemples, à commencer par l'invention de l'iPhone pour en prendre un célèbre. De même, un échange sous le signe de l'écoute peut aplanir une difficulté, voire même changer le cours d'une relation.

La vie autour de nous va vite, surtout si nous vivons en ville ou si nous avons des enfants tout en travaillant. Nos journées sont souvent bien remplies : sollicitations personnelles ou professionnelles, bruit environnant, choses à faire, problèmes à résoudre, vacances à organiser.

Cela génère de la charge mentale, de l'inquiétude, de l'agitation, et nos paroles sont agitées. Et, le comble, c'est que l'agitation appelle l'agitation : plus on est fatigué, plus on est tendu, plus l'environnement est bruyant, et plus il est compliqué de s'arrêter et de se détendre.

C'est comme pour le sucre : on sait maintenant que c'est un aliment qui n'est pas très bon pour notre corps. Et lorsqu'on en mange, cela influe sur notre glycémie : après un pic consécutif à l'absorption de sucre vient une chute et donc un manque… qui appelle à nouveau le sucre. Ainsi, le déséquilibre appelle le déséquilibre.

Comment faire pour sortir de ce cercle infernal d'agitation et de tension ?

Comment retrouver le chemin de notre île intérieure, cet endroit calme et paisible où le corps se détend, où le temps ralentit, où la parole reprend de la densité (où les mots ont du poids, comme le disait le slogan de *Paris Match* dans les années 1980).

Personnellement, je suis une femme d'action et de mouvement. Ce n'est donc pas moi qui militerai pour une vie sans action, qui serait à mon sens un fantasme. Mais, au fil des ans, j'ai mis en place des pratiques pour créer des petits temps d'arrêt, comme des points d'appui, au cours de mes journées : la pratique de l'arrêt au cœur même de l'action. La possibilité de retrouver le silence au cœur du quotidien.

Mais qu'est ce que le silence ?

Le silence absence de bruit

C'est bien sûr en tout premier lieu l'absence de bruit.

En musique, les moments où le son s'arrête s'appellent des silences, justement : ils se nomment « pause », « demi-pause », « soupir », « demi-soupir ». De bien jolis noms, n'est-ce pas, fort appropriés pour arrêter le son, suspendre le temps, et respirer.

Si l'on regarde le silence sous cet angle, dans quel environnement sonore vivez-vous ? Avez-vous des espaces de silence et de nature ou vivez-vous en ville dans un bruit continu ? Mangez-vous en regardant un écran ? Interrogez votre quotidien. Serait-il possible d'y apporter un peu plus de silence ? Cela peut être en utilisant un casque anti-bruit, ou en conduisant sans la radio. Écouter de la musique calme dans un environnement de transports bruyant est aussi une bonne façon d'améliorer le silence.

Le silence absence d'agitation

Le silence peut aussi être vu sous l'angle du calme, justement, versus l'agitation. Je peux boire, marcher, manger, ou faire une activité en étant connectée à mon silence intérieur. Cela se caractérise par une vitesse différente des gestes. Il s'agit en réalité de ralentir pour écouter et s'écouter, tout simplement en vivant avec conscience le moment présent.

Faisons l'expérience en buvant un verre d'eau.

On boit bien souvent en avalant l'eau d'une traite pour étancher sa soif, avant de passer à autre chose, voire même en y pensant déjà. On peut boire autrement, en prenant le temps de vivre l'instant. Cela ne prend que quelques secondes de plus, et cela change le moment et notre état général.

Faites l'expérience : remplissez un verre d'eau et, avant de commencer à boire, regardez le contenu. Cette eau qui est là est venue sur terre depuis un nuage, sous forme de gouttes qui en ont rencontré d'autres pour faire un ruisseau puis une rivière ; cette rivière a ensuite été canalisée jusqu'à une station d'épuration où des femmes et des hommes ont travaillé avec beaucoup d'attention et de précision pour la rendre potable ; et enfin elle a été acheminée jusqu'à mon robinet, et, quelle merveille, je peux y accéder sans avoir à porter de lourds bidons sous le soleil.

Dans ce verre d'eau, je peux donc voir le nuage et l'attention des ouvriers de la station d'épuration. En buvant, je suis reliée à eux. Je peux aussi sentir la gratitude de vivre dans un pays où il suffit d'ouvrir le robinet pour boire sans être malade.

Ce verre d'eau, c'est donc beaucoup plus qu'un trait à avaler pour me désaltérer : c'est la vie sous une multitude de formes.

Je peux ensuite commencer à prendre une gorgée, en commençant par laisser l'eau hydrater les papilles de ma bouche. Est-ce que c'est froid ? Tiède ? Quel est l'espace dans ma bouche ? Tiens, peut-être, je n'avais jamais remarqué que ma bouche était si grande, ou le palais si haut, ou si profond…

Je peux ensuite avaler la gorgée et sentir l'eau qui glisse dans l'œsophage. Je me reconnecte à mes sensations. Je redeviens ami avec mon corps, je lui accorde de l'attention.

Comment vous sentez-vous ?

L'expérience n'aura duré en tout qu'une petite minute, mais peut-être sentez-vous combien elle a modifié votre état général, vous a apaisé, recentrée ?

Une toute petite minute entre deux réunions, peut-être est-ce envisageable sans alourdir l'agenda ? Si vous la prenez, ce sera un cadeau inestimable pour votre cerveau en tout cas.

Il est possible de faire cette même expérience en mangeant, pour retrouver dans mes carottes râpées le rayon du soleil qui les a fait pousser, le travail de l'agriculteur qui a bêché la terre et fait la récolte ou celui de la personne qui les a transportées jusqu'au magasin où je les ai achetées. Cela, avant de retrouver la délicieuse sensation de la douceur de la carotte mêlée à l'acidité du citron et à l'onctuosité de l'huile d'olive dans la sauce. Manger redevient un plaisir merveilleux.

Et, enfin, pratique si utile dans nos vies de mouvement : celle de la marche en conscience.

Je peux m'offrir quelques mètres dans la rue ou la montée d'un escalier au bureau, dans mon immeuble, ou en sortant du métro en mettant la conscience dans mes pas. Pour cela, je ralentis la marche pour sentir l'appui du pied sur le sol, puis le déroulé de toute la voûte plantaire, avant de changer de pied. Un pas, puis l'autre. Je peux ensuite synchroniser ma respiration : deux pas en inspirant, quatre pas en expirant.

Là encore, il suffit d'une petite minute pour changer d'état et commencer sa journée… d'un bon pied !

Et dans la parole ?

Nos moments de parole manquent bien souvent de pauses, de silences. Au fil des ans, j'ai vérifié que cela venait souvent d'une croyance largement partagée : si je fais une pause, il y aura du vide. Mais non ! Le vide, c'est quand l'orateur est en apnée, et qu'il enchaîne les mots et les phrases sans respirer : on perçoit tellement sa peur du vide qu'on ne peut plus respirer nous-mêmes en l'écoutant !

Si je prends le temps d'inspirer quand je parle, il n'y a jamais de vide : chaque moment de pause est rempli par du plein de respiration, du plein de moi.

Le silence devient plein. Et la voix de même ensuite : notre voix s'étoffe, elle se remplit de nous, notre parole se densifie, nos mots prennent du poids. Il en suffit alors de peu pour être écouté et entendu.

Prenez donc du temps pour respirer dans vos phrases, comme nous l'avons fait la première semaine au deuxième jour. Pour cela, aidez-vous de la ponctuation, c'est son rôle !

En pratiquant le silence et l'arrêt pour vous-même, vous offrirez cet espace à vos interlocuteurs, qui finiront leur réunion plus reposés et plus calmes. Vous vous offrirez ainsi - à vous comme à vos interlocuteurs - la possibilité de trouver de meilleures solutions aux questions en suspens.

PRATIQUE PERSONNELLE : À LA RENCONTRE DE MON ÎLE INTÉRIEURE

Pratique I : Créer des espaces de silence ou d'arrêt

Peut-être y a-t-il déjà des espaces de silence ou d'arrêt qui existent dans votre journée et auxquels vous voudriez apporter plus d'attention, pour les vivre plus entièrement ?

Cela peut être votre café du matin, quand toute la maison dort encore, un trajet en voiture, lorsque vous cuisinez le soir, ou lorsque vous lisez une histoire à votre enfant. Ou tout autre moment…

Notez-les sur la page ci-après.

Choisissez quelque chose de très simple, qui n'alourdit pas votre agenda. J'ai bien longtemps trouvé difficile les intentions du type « tous les jours, je prendrais 20 minutes pour… ». Si cela marche pour vous, n'hésitez pas toutefois à vous en servir.

Quelques exemples possibles pour lancer votre imaginaire : je fais trois inspirations et expirations le temps d'allumer mon ordinateur, ou avant de décrocher le téléphone, ou lorsque je suis au feu rouge…

Notez-les sur la page ci-après.

Aujourd'hui, portez votre conscience sur ce ou ces moments que vous avez identifiés.

Comment vous sentez-vous ? Est-ce que cela change quelque chose dans l'instant ? Pour vous ? Dans votre corps ? Dans votre façon de parler ? D'être entendu ?

LISTE DES MOMENTS DE RESPIRATION

Pratique II : S'offrir un moment de relaxation guidée

Avant de démarrer votre journée, je vous propose de vous offrir quelques minutes de relaxation guidée par l'audio

Body scan

Installez-vous confortablement en position allongée sur le dos.
Placez vos mains sur vos cuisses ou le long du corps, paumes tournées vers le haut.
Fermez doucement les yeux et prenez un moment pour vous ancrer dans le présent.
Prenez trois grandes inspirations profondes par le nez et expirez lentement par la bouche. Puis laissez votre respiration retrouver son rythme naturel. Observez simplement son mouvement, sans chercher à la modifier.
Nous allons porter une attention bienveillante à chaque partie du corps, sans jugement. Il n'y a aucun résultat ou état particulier à obtenir. Il s'agit juste d'un voyage d'observation.

Portez votre attention sur vos pieds, en commençant par les orteils.
Remarquez les sensations : quel est le contact avec le sol ou le tissu ? Mes pieds sont-ils chauds ? Froids ?
Inspirez en dirigeant votre conscience vers cette zone, puis expirez en relâchant tout ce qui peut l'être.
Déplacez votre attention vers vos chevilles, à gauche, à droite
Puis vos mollets, à gauche, à droite.
Percevez-vous une différence entre vos deux côtés ?
Continuez à remonter vers vos genoux, puis vos cuisses, à gauche, à droite.
Observez chaque sensation présente, sans chercher de résultat.
Imaginez maintenant une vague de détente parcourant ces zones sur votre expiration.

Portez maintenant votre attention à votre bassin, votre ventre et votre bas du dos. C'est votre zone s'assise, qui vous donne votre aplomb lorsque vous êtes debout ou assis.

Percevez son volume : à l'avant, le pubis, à l'arrière, les fesses, au niveau du plancher, le périnée.
Sentez votre respiration faire légèrement bouger cette région.
Détendez consciemment tout ce qui peut l'être..

Amenez ensuite votre conscience vers votre thorax et votre cœur.
Remarquez le mouvement naturel de votre poitrine à chaque respiration.
Sentez votre cage thoracique s'ouvrir légèrement à l'inspiration et se relâcher à l'expiration. Goûtez le mouvement.

Dirigez maintenant votre conscience vers vos épaules et repérez leurs points d'appui avec le sol ou le tissu. Laissez-les se déposer.
À cet instant, elles n'ont rien à porter.
Descendez doucement le long de vos bras, jusqu'au bout des doigts.
Visualisez que vos bras deviennent lourds, relâchés et détendus.

Continuons à remonter : portez votre attention sur votre tête et repérez l'espace entre la nuque et le sol. Inspirez et expirez tranquillement.
Détendez votre langue, vos joues et votre front. Sentez que votre cuir chevelu lui aussi peut se détendre, comme s'il se relâchait légèrement.

Votre mâchoire peut s'entrouvrir pour laisser passer l'air.
Votre respiration va et vient tranquillement.

Prenez un instant pour ressentir votre corps dans son ensemble.
Est-ce qu'il a changé par rapport au début de l'exercice ?
Et votre respiration ?

Quand c'est le bon moment pour vous, commencez à bouger doucement vos doigts et vos orteils.
Étirez-vous délicatement.
Ouvrez lentement les yeux et prenez un moment avant de vous relever.

Cette méditation peut durer de 10 à 30 minutes selon votre envie du moment. Plus vous la ferez, plus vous développerez votre capacité à être à l'écoute de votre corps et à relâcher les tensions.

Belle journée !

Jour 14

Je célèbre et je construis ma confiance

Nous arrivons à la fin de la semaine. Bravo pour cette deuxième partie du voyage !

À l'opéra, au ballet, au concert, au théâtre, à la fin du spectacle, ou lorsqu'un moment a été particulièrement intense, les spectateurs applaudissent ; c'est une façon de célébrer ce qu'ils viennent de recevoir et de témoigner leur gratitude à l'interprète qui a permis ce moment.

Sur scène, le comédien reçoit cette énergie : c'est un réel échange avec la salle, la perception en est physique. Les applaudissements, les rires, l'émotion ressentie dans une salle quand on joue sont une nourriture importante pour l'interprète sur scène. Non pas pour l'ego – c'est d'ailleurs le piège dans lequel tombent certains comédiens ou chanteurs… Il s'agit en réalité juste de souligner, manifester ce moment qui vient d'exister : à travers ceux qui l'ont permis en jouant, et aussi à travers ceux qui l'ont permis par leur regard et leur écoute. C'est véritablement un échange entre la scène et la salle, un « travail d'équipe » qui permet la grâce des instants magiques.

Et par ses applaudissements, le public manifeste qu'il prend le temps de goûter ce moment précieux. Il offre ainsi à l'interprète une respiration, un temps suspendu dans le déroulé du spectacle, pour le goûter avec lui. C'est un moment pour dire : « merci ».

La puissance de la gratitude

M E R C I : d'après le professeur de psychologie Robert Emmons, de l'université de Californie, aux États-Unis, ces cinq lettres peuvent changer nos vies.

Pas les mercis lancés machinalement pour une porte tenue ou une salière tendue. Non : selon le psychologue, la gratitude est bienfaisante quand elle est exprimée en toute conscience, après être passée par l'étape de la constatation du bien reçu.

Pour mesurer cela, Robert Emmons et son collègue Michael McCullough ont fait appel à plusieurs centaines de personnes qu'ils ont divisées en trois groupes.

Le premier tenait le journal de ses expériences quotidiennes ; le deuxième seulement des expériences désagréables ; tandis que dans le troisième, chacun devait dresser la liste des événements dont il pouvait être reconnaissant.

Dix semaines plus tard, ce dernier groupe présentait l'état général le plus positif, enthousiaste au quotidien et optimiste sur l'avenir. Mieux encore : ces personnes signalaient moins de soucis de santé et prenaient davantage soin d'elles-mêmes, notamment par la pratique d'activités sportives. Robert Emmons a aussi constaté une baisse du niveau de stress, une meilleure qualité du sommeil, une plus grande détermination, une performance accrue et une chute du risque de dépression.

Alors, à l'issue de cette deuxième semaine, je vous propose aujourd'hui de vivre un temps de célébration et de développer votre capacité à goûter le chemin parcouru : applaudissez-vous et dites-vous merci !

Peut-être aurez-vous d'ailleurs envie de conserver cette pratique de la célébration et de l'inscrire de façon allégée dans votre quotidien, en identifiant chaque soir les jolis moments de votre journée, que Florence Servan-Schreiber appelle « les kifs du jour ».

PRATIQUE PERSONNELLE : RÉCOLTE ET CÉLÉBRATION

Commençons par moissonner les apprentissages de la semaine : il faut bien identifier d'abord ce pour quoi nous allons nous remercier !

Dans une deuxième étape, nous pourrons exercer notre énergie de Gratitude et prendre le temps de célébrer.

Étape I : Récolte de la semaine

Revenez sur les notes que vous avez prises cette semaine et récoltez ce que vous voulez garder, comme par exemple :

- des mots,
- des images,
- des concepts,
- des croyances que vous avez identifiées,
- des prises de conscience que vous avez faites,
- des outils concrets qui vous ont été utiles…

Prenez aussi le temps de vous remémorer un moment où vous avez pris la parole cette semaine et qui s'est bien passé à vos yeux, où vous avez eu le sentiment d'avoir mis en mouvement votre rapport à la parole. On l'appellera le « kif prise de parole ».

C'était où ? Quand ? Que se passait-il ? Qu'avez-vous ressenti ?

………………………………………………………………………………

Y a-t-il un geste et/ou une image qui symbolise ce moment ?

………………………………………………………………………………

Voici une corbeille de fruits pleine d'abondance.

Je vous invite à écrire sur chaque fruit un élément que vous avez récolté : la poire deviendra ainsi peut-être un moment de silence, le raisin une croyance aidante… Sans oublier votre « kif prise de parole » !

À vos crayons !

Mon kif
prise de parole

Étape II : Le temps du merci ou l'énergie de la gratitude

Lorsque vous avez fini, prenez un temps pour regarder votre corbeille de fruits : comment vous sentez-vous ?

....

Y a-t-il des prises de conscience qui vous mettent particulièrement en joie ? Autrement dit des « kifs » parmi les kifs...

....

Prenez maintenant le temps de célébrer toutes ces étapes, toute cette récolte. Cela existe. Vous pouvez vous appuyer dessus.

Vous êtes en train de vous offrir un cadeau, laissez donc venir ce qui vous ferait plaisir pour immortaliser le moment. Est-ce plutôt dans le registre immatériel : un temps pour vous ? 5 minutes de respiration pour regarder le coucher de soleil ?

Ou plutôt dans le registre matériel : choisir un objet (que vous possédez peut-être déjà) et qui va représenter cette célébration et l'installer dans un endroit de choix ? Cuisiner votre plat préféré ?

Ou toute autre idée...

Que pourriez-vous vous offrir pour marquer cette étape ?

....

Faites exister ce moment de célébration pour vous… Et goûtez-le.

Peut-être aurez-vous d'ailleurs envie de conserver cette pratique de la célébration et de l'inscrire de façon allégée dans votre quotidien, en identifiant le soir vos trois kifs du jour…

Bonne journée !

Semaine III

AUTEUR-COMPOSITEUR-INTERPRÈTE, C'EST PARTI POUR LA MUSIQUE !

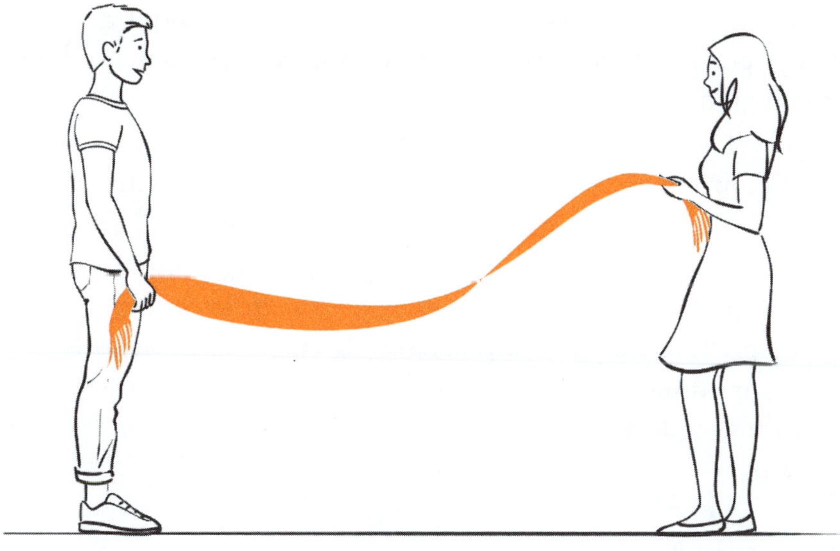

Il n'y a de communication que s'il y a une relation : je ne transmets un message que parce que je m'adresse à un interlocuteur à qui il est destiné. Prendre la parole, faire entendre sa voix, c'est d'abord avoir conscience de cela.

Et la relation est comme une écharpe dont chacun tiendrait un bout : je tiens le mien, et mon interlocuteur (qu'il soit une personne ou un groupe) le sien. Dans les interactions, cette écharpe va de l'un à l'autre. Elle fait toutes sortes de figures, elle peut parfois se tendre ; en tout cas, elle est en mouvement. Et elle n'existe que parce que chacun décide de tenir une partie de l'écharpe.

Si l'autre lâche son bout, je peux l'inviter à revenir jouer avec moi par différents moyens, et parfois le lien reprend ou se construit. Et parfois pas. Et je ne suis pas responsable de tout. Et surtout, je ne peux pas faire plus que le mieux possible. C'est Jacques Salomé qui a développé cette métaphore dans ses nombreux ouvrages.

Parfois, les échanges sont parasités par des jeux ou des enjeux de posture professionnelle, et des croyances de part et d'autre. En tant qu'orateur, je ne suis pas responsable de la façon dont mon interlocuteur va réagir, c'est-à-dire ce qu'il va faire de son bout d'écharpe. Mais je peux faire tout ce qui est de mon ressort pour lui donner envie de jouer avec moi.

En bref, ma part de responsabilité, c'est donc :

- d'avoir conscience qu'il y a une écharpe entre l'autre et moi
- de mettre de la conscience sur ma façon de tenir mon bout d'écharpe pour donner envie à mon interlocuteur de jouer avec le sien, à savoir m'écouter et interagir avec moi
- de prendre du plaisir à jouer !

Invitons donc nos interlocuteurs dans notre danse cette semaine, et partons explorer le plaisir de nous adresser à eux et d'échanger avec eux.

C'est parti !

Jour 15

« Je te vois » ou le secret de l'orateur : parler à quelqu'un !

« Je te vois ».
J'aime beaucoup cette phrase utilisée par James Cameron dans *Avatar*.

« Je te vois », cela veut dire « je vois vraiment qui tu es » : je ne m'arrête pas à l'image ou la représentation que j'ai de toi, je fais l'effort ou le chemin pour traverser cette enveloppe-là et je suis en contact avec la personne que tu es.

Facile ? Pas toujours.

Est-ce que je parle **devant** ma patronne, les représentants syndicaux, un collaborateur, le directeur financier, l'élue de ma circonscription, les adhérentes de mon association ? Ou bien est-ce que parle **à** Alice, James, Farid ou Alexandra, qui ont pris une heure de leur temps pour échanger avec moi ou m'écouter sur un sujet qui les concerne ?

J'ai observé bien souvent qu'il y a une confusion entre « parler devant » et « parler à ». Lorsqu'on est très occupé ou très focalisé sur ce qu'on a à dire, on oublie tout simplement que la toute première chose, et la plus importante à avoir à l'esprit, c'est qu'on parle à quelqu'un. Autrement dit : je n'ai pas « quelque chose à dire », mais « j'ai quelque chose à dire **à** quelqu'un ».

Et ce quelqu'un est là bien sûr parce qu'il a une place particulière dans le contexte, parce qu'il occupe une fonction, qu'il a des enjeux personnels ou professionnels dans la situation. Mais c'est aussi une personne avec une tête pour comprendre, un cœur pour sentir et un corps pour agir. Si je parle à une personne, j'ai une chance qu'elle m'écoute. Si je parle à une fonction, ce sera plus difficile, parce qu'une fonction n'a pas de corps pour voir ou entendre.

Quand vous osez votre voix pour communiquer des choses qui vous tiennent à cœur, qui sont importantes pour vous, y a-t-il des invités-surprise au milieu du chemin ?

Par exemple l'envie de bien faire (que je sois bien compris, que je sache donner les bonnes réponses aux questions, etc.) ? Ou la peur de mal faire (que je sois à la hauteur, que je n'oublie rien, que je ne heurte pas, etc.) ?

J'ai remarqué au fil des ans que ces invités se comportent souvent en *guest stars* et ont tendance à prendre toute la place… jusqu'à faire oublier à l'orateur qu'il a de vrais invités en face de lui, venus écouter ce qu'il a à partager !

Bienvenue donc aujourd'hui à nos vrais interlocuteurs !

Comment fait-on cela ? Tout simplement en les regardant.

Dans notre culture, regarder dans les yeux fait partie de ce qui donne de l'impact. Attention, c'est faux dans d'autres cultures ! C'est faux au Japon, ou dans certains pays du Moyen-Orient entre femmes et hommes. Tout cela fait partie de codes culturels complexes. Mais en Europe, et en Occident de façon large, c'est très approprié.

Regarder, cela ne veut pas dire balayer l'espace devant soi sans avoir conscience de ce que l'on voit, en restant en fait centré sur sa pensée. Non, regarder, c'est entrer en contact pour de vrai par le regard.

J'ai assisté il y a quelques années à une conférence. Avant de commencer à parler, le conférencier est entré en contact par le regard avec chacune des 250 personnes présentes dans la salle. Cela a bien pris deux ou trois minutes. C'est long. J'ai eu l'impression qu'il disait à chacun d'entre nous : « je suis là pour toi ».

La qualité d'attention de cette salle, la densité de l'écoute au long de la soirée qui a suivi, je crois les avoir rarement retrouvées ailleurs.

Bien sûr, il n'est pas toujours approprié de regarder chacune des personnes présentes dans un très grand auditoire. Là, le sujet s'y prêtait ; et le conférencier a fait le choix de démarrer son intervention de cette manière-là. Mais il n'en demeure pas moins vrai que c'est tout à fait faisable quand l'auditoire est constitué de quelques personnes. Cela permet à ceux qui écoutent d'ouvrir la porte de leur attention, et d'être prêts à recevoir ce qui va suivre.

PRATIQUE PERSONNELLE : REGARDER

Aujourd'hui, je vous propose de porter l'attention sur votre regard, et d'entrer en contact avec les yeux de vos interlocuteurs. Je vous propose pour cela deux pratiques différentes, à tester !

Pratique I : En réunion

Choisissez un moment où vous entrez en interaction avec plusieurs personnes. Peut-être avez-vous une réunion ?

Avant de commencer à parler, je vous invite à regarder chacune des personnes présentes, l'une après l'autre. Posez tout simplement votre regard sur elles sans enjeu.

Pour apprivoiser petit à petit le fait que c'est finalement simple de regarder, je vous propose un jeu : comptez-les intérieurement.

1, 2, 3, … 7, 8… Vous passez de l'une à l'autre en comptant intérieurement.

Personne n'entend ce qu'il se passe dans votre cerveau. Et chacun se sent regardé alors que vous occupez votre esprit à compter au lieu de vous inquiéter de savoir si vous regardez ou comment vous regardez.

Le tour est joué !

Vous verrez, en pratiquant cela régulièrement, peu à peu vous arriverez à regarder… sans compter !

Pratique II : Sherlock Holmes

J'aimais bien jouer au Cluedo quand j'étais ado. Qui a commis le meurtre dans le manoir Tudor : le Colonel Moutarde ? Mademoiselle Rose ? le Professeur Violet ?

Comme s'il était dans un roman policier, le joueur se transforme en détective pour déterminer qui est le coupable. Et, pour cela, il va avoir besoin d'indices.

Et si, vous aussi, vous deveniez Sherlock Holmes ? Si vous aviez à observer de façon précise par qui vous êtes entouré pour percevoir les singularités de chacun et de chacune ? Un détective aurait besoin de ces informations pour résoudre l'énigme qui lui est posée.

Dans votre quotidien, il n'y a pas de meurtre à élucider, évidemment. Mais vous mettre en posture d'observateur va vous aider à sortir de la position de celui qui est observé et qui se sent analysé ou jugé.

Et, en bonus, vous verrez le sourire joyeux de votre collègue à qui vous ferez remarquer que vous appréciez sa nouvelle coupe de cheveux ou le regard étonné de celui ou celle à qui vous demanderez conseil quant à l'achat de sa petite doudoune sans manches qui a l'air si confortable en réunion… Parce que vous les aurez vues !

À vous de jouer !

Jour 16

Chouette, tu es là ! J'ai un cadeau pour toi !

J'imagine que vous avez déjà offert un cadeau. Que ce soit à l'un de vos proches ou à quelqu'un que vous connaissez moins, il est fort probable que vous avez tout d'abord cherché une idée de ce qui pourrait convenir à la personne, peut-être même à la circonstance. Puis vous avez mis ce présent dans un joli paquet, préparé soit en magasin, soit chez vous avec un ruban de couleur et un papier adapté. Enfin, au moment de l'offrir à son destinataire, peut-être lui avez-vous même dit : « voilà, j'ai trouvé cela en pensant à toi, j'espère que cela te plaira ! »

En tout cas, il est fort probable que vous n'avez pas apporté quelque chose dont vous étiez sûr que cela ne conviendrait pas, en disant à la personne « bon, c'est sans doute nul, mais voilà, c'est pour toi ».

Vous avez donc sans doute considéré *a priori* que cela plairait à la personne qui le recevrait. Si, ensuite, elle choisit de revendre son cadeau sur internet en deuxième main, après tout c'est son affaire. La vôtre, c'est d'y avoir mis votre attention et peut-être même votre cœur. N'est-ce pas ?

Mettons-nous maintenant de l'autre côté : si vous receviez un cadeau, à cet instant, préféreriez-vous recevoir un objet impersonnel emballé dans un sachet plastique, offert à grande échelle de façon anonyme, ou un objet choisi avec attention par celui qui vous l'offre, et emballé dans un joli paquet préparé pour vous, même si la ficelle est un peu irrégulière ou le coin pas tout à fait droit ?

La deuxième option, n'est-ce pas ?

Eh bien, ce qui est intéressant, c'est que souvent, lorsqu'on est inquiet ou mal à l'aise à l'oral, on se dit « ce que je vais dire est nul » ou « ce n'est peut-être pas intéressant ou mal exprimé », « on ne m'écoute pas ».

C'est-à-dire, si je reprends la métaphore du cadeau, c'est un peu comme si vous pensiez, avant même de l'offrir, que le contenu du paquet était inapproprié, n'allait pas convenir, voire que le paquet était moche et peu avenant.

Alors que, vous le savez bien, puisque c'est ce que vous faites probablement souvent, vous recevez un cadeau sans le juger *a priori*.

En réalité, il en va de la parole comme du cadeau. La langue française utilise d'ailleurs le vocabulaire du don en ce qui concerne la parole : « la parole donnée », « partager une idée ou une information », « offrir ses mots ».

Oui, si vous pensez *a priori* que le contenu du paquet – ce que vous êtes en train de dire – ne conviendra pas ou n'a pas de valeur, cela ne va pas inciter vos auditeurs à vous écouter.

Ou si vous pensez que le paquet est moche et mal ficelé – que vous ne savez pas vous exprimer – vous donnez en fait le bâton pour vous faire battre, pour utiliser une expression populaire. C'est-à-dire que vous donnez à l'autre le pouvoir de vous juger, et ce d'une façon négative.

Est-ce agréable ? Est-ce ce que vous cherchez ? Vraisemblablement non.

Et si vous étiez entendu, compris, retenu ? Et si, en plus, vous pouviez prendre du plaisir à l'exercice et que cela ne vous coûte pas trop cher en énergie ? Ça serait vraiment bien, n'est-ce pas ?

Mon expérience, c'est que tout est avant tout une question de posture. C'est ce que j'appelle la posture du Père Noël – de celui qui offre – à l'opposé de celle habituellement envisagée – celle de celui qui est jugé quand il parle.

Pour reprendre la métaphore de l'écharpe évoquée en début de semaine, cela permet de tenir le bout dont je suis responsable avec un regard positif sur moi-même.

Alors si, à partir d'aujourd'hui, vous vous transformiez en Père Noël quand vous prenez la parole ?

Que vous regardiez votre interlocuteur en vous disant : « chouette, tu es là ! J'ai un cadeau pour toi ! » ?

PRATIQUE PERSONNELLE : MES MOTS ONT DE LA VALEUR

Étape I : Visualisation intérieure

Prenez quelques instants pour penser à une situation dans laquelle vous allez interagir aujourd'hui : avec un groupe, en face à face, que ce soit personnel ou professionnel.

Fermez les yeux et imaginez-vous en train de mettre votre main sur votre cœur.

Puis, au moment où vous allez commencer à vous exprimer, tendez cette main vers votre interlocuteur comme si vous lui offriez le cadeau qu'elle contient.

Tout le temps où vous parlez, votre main reste tendue vers l'autre : vos mots sont importants, ils ont de la valeur !

Vous avez maintenant fini de parler : visualisez que votre interlocuteur a véritablement reçu vos mots comme un cadeau concret.

Étape II : Exercice en situation réelle

Et maintenant, à vous de jouer dans la même situation dans le monde réel !

Avant de démarrer, pensez à bien vous relier à votre visualisation du matin (sans pour autant parler la main sur le cœur, ce n'est pas toujours approprié… Mais vous pouvez vous imaginer en train de le faire !).

Il y a fort à parier que l'expérience sera différente pour vos interlocuteurs. Et, s'ils se sentent pris en compte dans la relation, ils se sentiront davantage concernés par le sujet.

Bonne journée !

Jour 17

Le secret pour être écouté : parler la langue de l'autre

Qu'est-ce qui fait que vous écoutez lorsque quelqu'un parle ? Je ne sais pas ce qu'il en est pour vous, mais en ce qui me concerne je n'écoute pas quand je ne suis pas intéressée. Et encore moins quand j'ai l'impression que la personne qui parle essaie de me faire avaler n'importe quoi ou qu'elle débite un long monologue sans s'intéresser à moi.

Bref, est-ce que vous écoutez ce qui vous intéresse ou ce qui ne vous intéresse pas ? Quand on fait cas de vous ou quand vous avez l'impression d'être considéré comme l'équivalent du pot de fleurs qui décore la salle de réunion ?

Il est fort probable que vous écoutez principalement ce qui vous intéresse ou lorsque vous vous sentez concerné, n'est-ce pas ?

C'est-à-dire, pour reprendre la métaphore de l'écharpe, lorsque l'orateur a conscience que vous êtes à l'autre bout de l'écharpe et qu'il met de l'attention sur la façon dont il joue avec vous à travers écharpe.

Cela vous permet alors de faire appel à votre intelligence, à votre capacité de discernement, à votre créativité, ou à votre éventuelle envie de contribution. C'est en tout cas ce que j'ai observé dans 100 % des cas depuis plus de vingt ans.

Donc, quand vous prenez la parole, ayez bien en tête qu'il en va de même pour celui ou celle à qui vous vous adressez. Pour le dire d'une façon un peu raccourcie : « ce qui compte, ce n'est pas ce que je dis quand je parle, c'est ce que l'autre comprend ou retient ».

Prenons une image : parlez-vous le mongol ? J'ai pris du temps pour choisir une langue rare, comme vous pouvez vous en douter… Je suis à peu près certaine que non.

Donc, si quelqu'un s'adresse à vous en mongol, vous n'allez pas comprendre, n'est-ce pas ? Ou, tout du moins, vous comprendrez peut-être les gestes, l'intention générale, l'émotion dégagée (encore que tout cela soit très culturel), en tout cas, de façon certaine, pas les mots eux-mêmes.

Pour comprendre, réfléchir, retenir, avant d'agir, vous avez besoin qu'on vous parle votre langue.

Et quand j'utilise la métaphore de la langue, je ne m'arrête pas au sens propre. Parler ma langue, c'est comprendre avec quelles lunettes je regarde le sujet dont on va parler, dans quel contexte on se situe, quelles sont les questions auxquelles je dois répondre de par mes responsabilités, ma place professionnelle ou personnelle.

Il en va de même pour la personne à laquelle vous vous adressez.

Ainsi la question que se posent habituellement ceux qui prennent la parole, « comment faire pour être écouté et entendu ? », devient « qu'est-ce qui est au cœur des préoccupations de mon auditeur par rapport au sujet que je viens partager ? »

Autrement dit, ce n'est plus moi qui suis au centre, c'est l'autre. C'est en fait une véritable révolution copernicienne : ce n'est plus la Terre – moi – qui est au centre du système, c'est le Soleil – l'autre. Autrement dit, c'est votre public ou votre interlocuteur qui devient le héros.

La clef qui ouvre la porte de l'écoute chez l'autre, c'est de s'adresser vraiment à lui. On l'a vu les deux derniers jours, avec le fait d'entrer en relation, à la fois par le regard et par l'intention véritable de lui offrir le contenu du message que je suis venu lui partager.

Aujourd'hui nous complétons par le contenu de ce qui est dit, les mots eux-mêmes.

Comment mettre cela en place ? En se posant quelques questions simples. Interrogez-vous avant de vous exprimer : sur vous, sur l'autre, afin de pouvoir parler une langue qu'il puisse comprendre. C'est-à-dire construisez votre message en partant de ses préoccupations et en répondant à ses questions.

Votre objectif n'est pas de dire tout ce que vous avez à dire, mais de dire ce que vous avez à dire en montrant en quoi cela répond aux besoins ou aux questions de votre public.

Si vous l'intéressez, il vous écoutera, et il vous retiendra.

Ainsi, par exemple :

Au lieu de : « Je viens vous présenter le nouveau projet qui démarre lundi prochain ».

On pourra plutôt dire :

« Je sais que vous avez entendu parler du projet X. Sans doute vous demandez-vous : est-ce que je suis concerné ? Et mon équipe ou ceux qui m'entourent ? Comment cela va-t-il se passer ? Quand ? Je viens aujourd'hui vous apporter la réponse à ces différentes questions. »

On s'entraîne ?

PRATIQUE PERSONNELLE : PRÉPARER SON MESSAGE POUR CAPTER L'ATTENTION

Je vous propose donc aujourd'hui, tel Copernic, de vous exercer à placer le Soleil – l'autre – au centre de votre système, lorsque vous prenez la parole, de façon à ouvrir l'écoute chez l'autre pour être entendu, compris et… retenu !

Pour trouver notre chemin, prenons une boussole, comme les explorateurs de tous les temps ! La nôtre a ceci de particulier que les quatre directions indiquées ne sont pas nord, sud, est, ouest, mais le public, le contexte, le sujet, moi. Et que, de surcroît, ces directions interagissent entre elles. Vous en trouverez un dessin sur la page suivante.

Pour comprendre le fonctionnement de cette boussole particulière, voici quelques étapes de questionnement.

MA BOUSSOLE

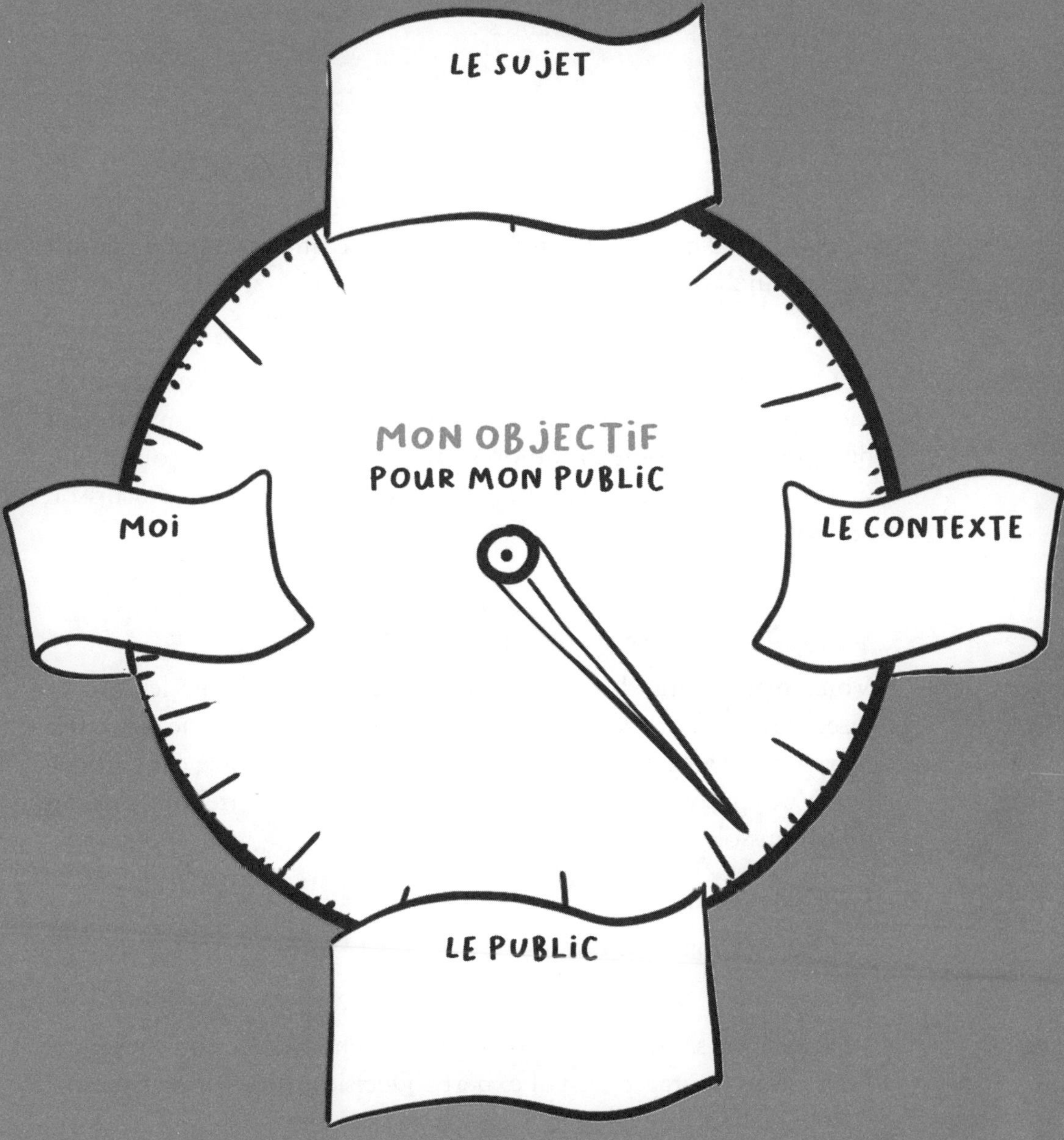
LE SUJET
MON OBJECTIF
POUR MON PUBLIC
MOI
LE CONTEXTE
LE PUBLIC

Étape I : Choisir un sujet

Choisissez un moment où vous allez interagir, aujourd'hui ou dans les jours qui viennent et identifiez de quoi vous voulez parler. Puis complétez les phrases suivantes :

Mon sujet est :

....

À la fin de mon intervention, je souhaite que mon public fasse / comprenne / retienne / échange sur :

....

Ceci est l'objectif de mon intervention. C'est un questionnement primordial : bien souvent, on est focalisé sur ce qu'on veut dire et non sur l'objectif qu'on souhaite atteindre pour son public. C'est-à-dire qu'on a l'habitude de se centrer sur soi et non sur son auditoire.

Étape II : Se questionner pour explorer

Voici maintenant des questions permettant d'éclairer les quatre directions ainsi que les liens qu'elles ont entre elles. Prenez le temps de répondre à ce qui vous semble pertinent dans votre cas particulier. Vous pouvez reporter ce qui vous semble essentiel sur le dessin de la boussole.

Le public

Qui est mon auditoire ?

....

Quelle est sa relation au sujet que je viens partager ou sur lequel nous allons interagir ? Est-il expert ? Décisionnaire ? Prescripteur ? Va-t-il réaliser une tâche ?

....

Est-il motivé par cette question ou a-t-il tout à fait d'autres priorités ?

....

Cela va évidemment changer le niveau de détail et le vocabulaire employé.

Ainsi, j'ai beaucoup aimé lire les livres d'Hubert Reeves sur l'astrophysique : c'était un vulgarisateur de talent, qui savait partager au grand public néophyte comme moi des notions extrêmement complexes sous forme d'histoires. Il m'a emmenée ainsi dans les étoiles en me faisant réfléchir en creux à la place de l'être humain sur Terre. Il est évident en même temps qu'il devait s'adresser à ses collègues astrophysiciens lors de congrès d'une tout autre manière, en étant bien plus précis, et en utilisant des termes techniques adaptés à ses pairs.

Le contexte

Dans quel contexte est-ce que je prends la parole ?

....

Quels en sont les enjeux pour moi ? Et pour ceux qui m'écoutent ?

....

Pour prendre deux exemples très éloignés, si je prends la parole pour le pot de départ d'un collègue de longue date, c'est évidemment très différent d'un discours à la barre de l'ONU dans un contexte tendu.

Quels sont les espoirs de l'autre ? Ses craintes, voire ses peurs ? Ses besoins sur le sujet ?

....

La question du timing est également cruciale : est-ce le bon moment pour l'autre pour lui parler de ce qui m'amène ? Parfois il vaut mieux différer s'il a d'autres préoccupations urgentes. Ou le prévenir avant notre échange que j'ai besoin d'interagir avec lui de façon urgente de mon côté, même si je sais que le sujet n'a pas le même degré d'urgence pour lui. Il se sentira respecté dans son rythme et sera plus enclin à l'écoute.

Le sujet

Qu'est-ce que ce sujet a comme impact sur mon auditoire ? Qu'a-t-il à y gagner, à y perdre ? Par exemple, est-ce un obstacle ou une opportunité ?

....

Qu'est-ce que mon public connaît de ce sujet ?

....

Y a-t-il des éléments que je dois rectifier ? Faire connaître ?

....

Moi

Et enfin, qui suis-je par rapport à mes auditeurs et que représentent-ils pour moi ?

....

Que savent-ils de moi, de mon rôle, et qui suis-je pour eux ? Un inconnu, un de leurs pairs, leur patron ? Quelle image ont-ils de moi ? Un expert, un néophyte, une femme ou un homme habitué à s'engager pour des causes qui en valent la peine ?

....

Peut-être ne savent-ils rien de moi : il sera important de leur dire quelques mots sur qui je suis, et d'où vient ma légitimité aujourd'hui à prendre la parole sur ce sujet.

Étape III : Définir « la langue de l'autre »

Vous avez fait un important travail de préparation du contenu du message. Vous pouvez maintenant synthétiser ce questionnement sous la forme suivante :

Quelles sont les trois ou quatre questions que se pose mon auditoire et auxquelles mon intervention va permettre de répondre ?

....

Quels sont les éléments clefs à partager pour y répondre et qui me permettent d'atteindre mon objectif (défini à l'étape I) ?

....

Bon entraînement !

Jour 18

Je déploie mon charisme pour m'engager dans ma parole

Le charisme, à quoi ça sert ? À être entendu, à convaincre, à donner envie, à embarquer dans une histoire ou vers un objectif.
Mais c'est quoi au juste ?

Imaginons que nous nous promenions dans un jardin au printemps. On peut y trouver des roses, des tulipes, des lilas. Cela ne viendra sans doute à l'esprit de personne de se pencher sur la tulipe pour lui dire : « en rose, tu es nulle ! »

Cela n'a aucun sens. La tulipe est belle quand elle est ouverte, la rose quand elle est fleurie, le lilas quand il est épanoui…

Chaque fleur est singulière : c'est lorsqu'elle offre son plein potentiel, au maximum de sa floraison, qu'elle nous touche par sa beauté.

Êtes-vous une rose, une tulipe, un lilas, ou toute autre fleur ? Vous ne vous transformerez en aucune autre fleur. Il n'y a rien à faire bien. Il y a juste à être pleinement vous-même. Et à vous autoriser votre style, tout comme la fleur déploie ses pétales singuliers et à ceux de nulle autre fleur pareils.

C'est simple, finalement, n'est-ce pas ?

De même, chaque voix est unique : le timbre de la voix sert même de signature digitale pour certains systèmes de sécurité. Vous êtes uniques, votre timbre de voix est unique, votre personnalité l'est tout autant.

J'ai souvent utilisé en formation un exercice que j'affectionne particulièrement.

En début de session, je pose comme règle du jeu qu'il est interdit de dire de quel univers professionnel on vient, ce qu'on y fait… Dans les premières minutes, tout le monde se regarde bien ennuyé en se disant : « si je ne peux pas parler de ce que je fais, que vais-je dire ? »

On est tellement habitué à se définir par une seule des histoires qui nous habitent, celle de ce qu'on fait, que c'est un peu déstabilisant d'envisager de ne pas le faire… Mais nous sommes habités de tant d'autres histoires !

Ce qui est amusant, c'est que, lorsque je lève cette règle du jeu le deuxième jour, plus personne n'a envie d'en parler. Chacun a pu être qui il était, tout simplement, et il y a eu tant d'autres sujets d'échanges !

Mais revenons au début. Je profite du fait que personne ne se connaît pour jouer à un petit jeu : je propose à chacun de remplir un portrait chinois fait de quelques questions simples et de venir prendre la parole une trentaine de secondes devant le groupe et dire quel plat il aimerait être, ou quelle devise, ou quelle pièce de la maison, voire quelle planète.

En réalité, c'est un subterfuge pour éviter de demander à chacun de se tenir devant les autres sans parler, exercice pas facile quand on n'a pas l'habitude.

Et lorsque quelqu'un a partagé son portrait chinois, je demande aux autres d'écrire les adjectifs qui lui viennent sur cette personne. Enjouée, dynamique, calme, stressée, puissante, timide, c'est toujours un florilège qui s'invite. Ensuite, je demande à chacun d'imaginer ce que cette personne fait et dans quel univers elle travaille. Puis on partage tout ce qui est venu.

En quinze ans de pratique, il n'est jamais arrivé que quelqu'un ne se reconnaisse pas dans ce qui lui est renvoyé. Bien souvent, on devine les univers de chacun.

C'est la preuve qu'on emporte toujours son univers avec soi. Il n'y a rien à faire, et c'est impossible de le cacher.

Notre seule liberté est de l'assumer. Pour reprendre l'image du jardin : d'être la fleur que nous sommes, pleinement. C'est-à-dire de faire en sorte que cette fleur soit la plus épanouie, ouverte, possible, pour donner tout son parfum.

C'est cela qu'on appelle le charisme : rayonner sa personnalité, sa couleur, de ses mille feux singuliers. C'est le point d'appui pour s'engager pleinement et entièrement dans sa parole.

Certains ont un charisme plein de douceur, d'autres sont des volcans d'énergie, d'autres encore sont habités par la rigueur et le centrage. On peut se déployer plus loin, mais on ne peut pas se transformer en quelqu'un d'autre.

Vous allez me dire : tout ça est bien joli, pourquoi pas cette histoire de fleur, mais ça veut dire quoi concrètement quand je prends la parole ? Comment est-ce que je m'y prends pour déployer mon charisme ? Pour vous aider à incarner cela, je vous invite à entrer dans le monde des héros et à investir celui qui vous habite.

Les héros, voire les super-héros, vous les connaissez au cinéma, n'est-ce pas ? Superman, Wonderwoman, Lara Croft, Batman… ?

Les Grecs et les Romains étaient à la pointe de l'avant-garde sur le sujet avec leur mythologie foisonnante, peuplée de déesses, de dieux et d'humains hors normes. Leurs héroïnes et leurs héros avaient chacun un talent particulier, une singularité pour laquelle il ou elle était reconnu(e) dans toute l'Olympe. Mercure (Hermès chez les Grecs) était le messager des dieux, grand communicateur et rapide dans ses mouvements ; Mars (Arès chez les Grecs) savait emmener les légions à la bataille, c'était donc un dieu entreprenant, associé à l'énergie du printemps et à celle de la nature qui redémarre ; Vénus (Aphrodite pour les Grecs), c'était l'énergie de l'amour et de la beauté, qui rend la vie féconde…

Autant d'archétypes ou facettes de notre psyché humaine, autant de charismes différents.

Et vous, quelle est votre singularité ? Quel héros vous habite ?

LES TCHATCHEURS
DE LA GALAXIE

PRATIQUE PERSONNELLE : MON HÉROS INTÉRIEUR

Découvrons aujourd'hui son visage.

À la rencontre de mon héros intérieur

C'est parti pour un voyage intérieur à sa rencontre. Pour faciliter la descente dans des espaces imaginaires différents du quotidien, je vous accompagne avec ma voix dans l'audio.
Vous trouverez la transcription complète de ce voyage à la fin de la journée.

Vous avez fait la connaissance avec votre super-héros.

C'est un travail métaphorique pour mettre des mots sur ce qui fait votre charisme. L'image étant ce qui laisse le plus de traces dans la mémoire, vous pouvez remplir la page ci-jointe pour récolter les informations qui vous sont venues.

QUEL SUPER-HÉROS SUIS-JE ?

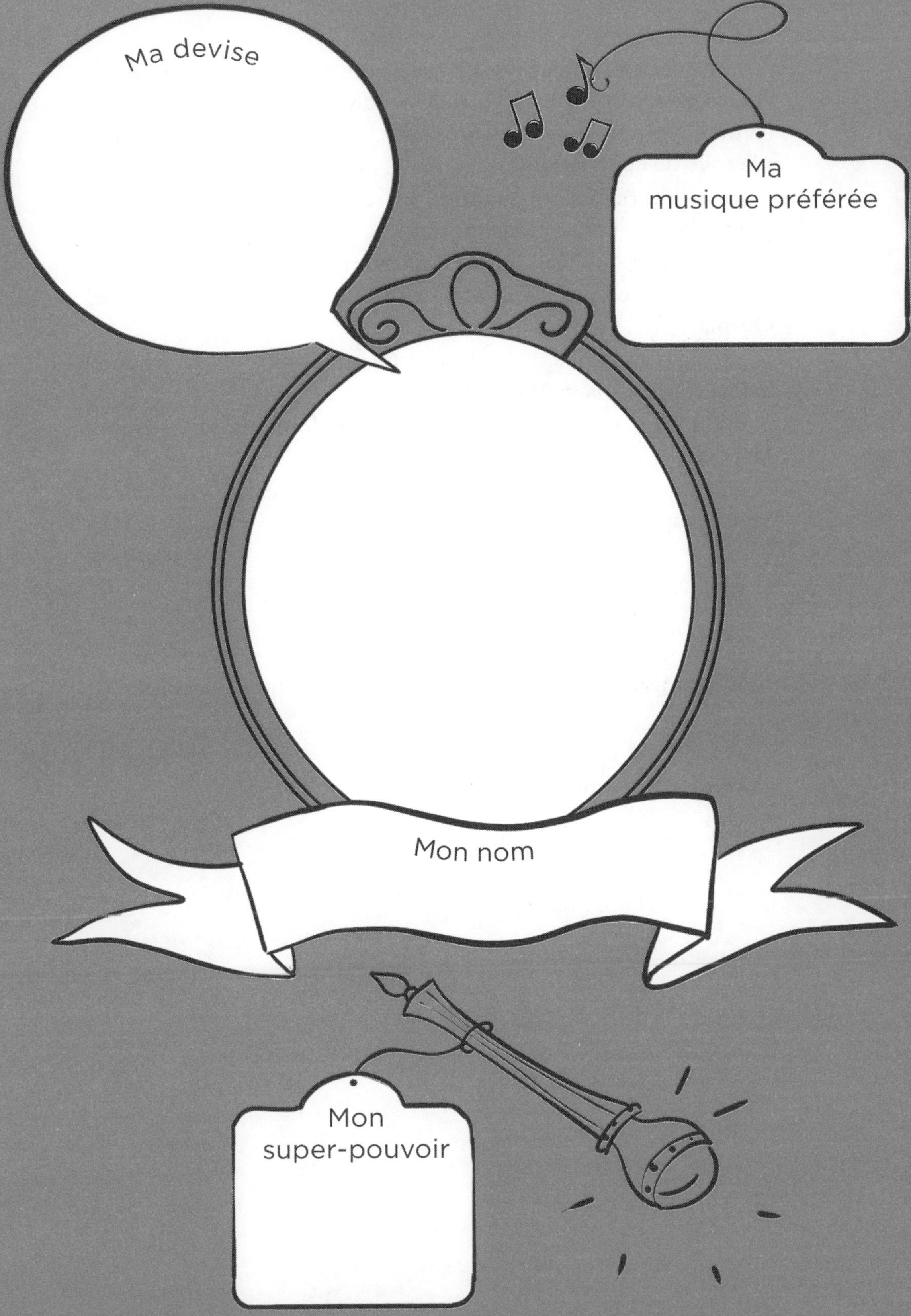

Lorsque vous prendrez la parole, convoquez votre super-héros et laissez-le vous habiter. Vous deviendrez alors ce héros ou cette héroïne : comme le dit le dicton, vous aurez « l'étoffe de ce héros », « l'étoffe de cette héroïne ».

Vous incarnerez son attitude et ses gestes. Vous porterez en bandoulière sa phrase caractéristique :

« La réussite ne viendra pas d'un homme providentiel. La réussite viendra de vous. Vous êtes celui que vous attendez » Barack Obama.

« Si on n'a mis que de bons ingrédients, cela ne peut faire qu'une bonne soupe » ma grand-mère.

« Un gagnant est un rêveur qui n'abandonne jamais » Nelson Mandela.

« Fais de ta vie un rêve, et de ton rêve une réalité » Antoine de Saint-Exupéry.

Bref, vous serez investi de son super-pouvoir.

Désormais, si vous n'avez pas envie de parler, ne parlez pas, mais si vous choisissiez de le faire, faites-le avec tout votre charisme.

À vous de jouer !
Bonne pratique !

Transcription de l'audio

Partons aujourd'hui à la rencontre du héros qui vous habite.
Choisissez un endroit qui vous plaît et qui sera celui de votre rencontre avec votre héros. Vous pouvez vous asseoir ou rester debout.
Fermez les yeux et connectez-vous à votre respiration.

Souvenez-vous d'un moment où vous n'avez ressenti aucun frein, où vous vous êtes senti complètement libéré.
Que ressentez-vous physiquement ? En termes de taille, de volume, de poids peut-être ?

Quelle est l'énergie qui vous habite ?

Quel est votre état ?

Laissez maintenant venir une image à vous : celle d'un être qui incarne ou représente pour vous cet état intérieur. Cela peut être un personnage public ou de fiction, quelqu'un que vous connaissez ou que vous avez connu, une figure spirituelle, un animal ou tout autre être vivant.
Peut-être vont se présenter à vous : Barack Obama, Emma Watson lors de son discours à l'ONU en 2014, un grand chêne, la reine Élisabeth, votre grand-mère…
Il n'y a rien à chercher, prenez tout le temps dont vous avez besoin pour vous relier à ce moment où tout est fluide et libre, et laissez venir l'image.

Lorsque celle-ci prend forme, faites connaissance avec ce héros ou cette héroïne.

Peut-être a-t-il ou a-t-elle déjà un nom. Ou peut-être avez-vous envie de lui en donner un.

Quel est son vêtement ? Ou sa forme ? Ou sa couleur ?

Son parfum peut-être ?
Quelle serait sa musique préférée, celle que vous lui associez ?

Quel est le geste ou l'attitude qui le ou la caractérise ?

Et surtout, quel est son pouvoir particulier ? Son énergie, sa douceur, sa rigueur, sa puissance, sa générosité… ?

A-t-il une phrase à délivrer, à la manière d'un blason ou d'un mantra personnel ?

Faites trois grandes respirations et revenez ici et maintenant.
Vous avez fait connaissance avec votre héros ou votre héroïne intérieurs.
Vous pourrez désormais faire appel à lui ou à elle en convoquant son geste, ou en écoutant sa musique.

Jour 19

Parler est un jeu aux multiples couleurs : le langage des émotions

Vœux de bonne année

Voici des vœux de bonne année exprimés de trois manières différentes.

Pour commencer aujourd'hui, je vous propose d'écouter l'audio de ce chapitre.

Qu'observez-vous ? Est-ce que ces trois façons de souhaiter une bonne année vous racontent la même histoire, alors même que les mots sont strictement identiques ?

Non, n'est-ce pas ?

Notre parole véhicule un message bien au-delà des mots eux-mêmes. C'est un peu comme si le contenu de notre message était un squelette, et que nos intentions et nos émotions en façonnaient la chair.

Dans le monde de la communication orale, on fait souvent référence à une étude célèbre, menée par Albert Mehrabian, professeur de psychologie de l'Université de Californie et publiée en 1971. Ce chercheur a mis en évidence la règle des 3V qui régiraient la communication orale.

Les résultats montrent que :

- 7 % de la communication est Verbale (signification et sens donné aux mots) ;
- 38 % de la communication est Vocale (intonation et son de la voix) ;
- 55 % de la communication est Visuelle (attitude : expressions du visage et du langage corporel).

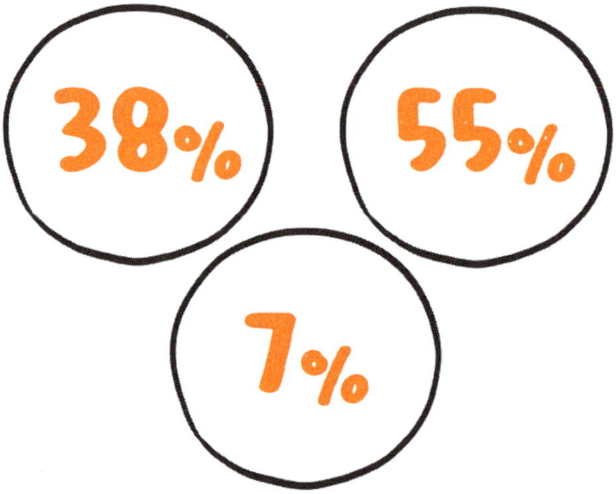

La cohorte de l'étude est peu nombreuse, non mixte, donc les résultats ne sont pas à prendre à la lettre. Mais ce qui est certain, si vous prenez un peu de recul sur ce que vous retenez lorsque quelqu'un parle, c'est qu'effectivement on retient avant tout ce qui passe par la voix et le langage corporel.

Faites-en l'expérience : pensez à une interaction que vous avez eue hier et dans laquelle vous étiez en position d'auditoire. Cherchez les mots précis que vous retenez. Vous en trouverez de façon certaine, mais il est fort probable que vous vous souviendrez avant tout d'un climat général, de la teneur de la relation avec votre interlocuteur, qui vous permet de mémoriser l'essentiel de sa pensée.

En effet, ce sont la voix et le corps qui viennent incarner les mots employés, et leur permettent de laisser une empreinte : c'est bien plus la chair que le squelette qui permet de faire passer un message.

Revenons à notre exemple de l'audio : si une émotion vient donc toujours colorer le message et en transformer le sens, il devient important de se pencher sur la question et de la choisir en conscience. Parce que sinon, elle se manifestera à notre insu d'orateur et contredira potentiellement les mots qu'elle accompagne.

C'est le cas des vœux de bonne année que vous avez écoutés en audio. C'est un message sympathique. Mais, s'il est dit sur le ton de la colère, ce qui est reçu s'apparente plus à un Scud qu'à un bouquet de fleurs.

Varier les émotions permet par ailleurs de faire varier les intonations de voix et de changer de registre. Autrement dit : d'être vivant ! Si vous regardez quelques conférences TedX, quelle que soit la technicité du sujet présenté, vous remarquerez sans difficulté qu'il est facile de les écouter et de retenir leur contenu.

Comment faire cela de façon simple et authentique ?

Nous allons nous exercer aujourd'hui à varier les émotions de façon consciente. Demain, je vous partagerai un outil pour enrichir le contenu d'un message, et vous permettre ainsi de diversifier les registres tant sur le fond – les mots – que sur la forme.

PRATIQUE PERSONNELLE : VARIER LES REGISTRES ÉMOTIONNELS

Aujourd'hui, je vous propose de vous transformer en magicien de vos émotions.

Étape I : Écrire un court texte factuel

Prenez une feuille sur laquelle vous allez écrire trois ou quatre phrases très factuelles qui décrivent votre début de journée.

Par exemple pour moi :

« Ce matin, le réveil a sonné à 7 heures.

Je me suis levée, j'ai pris ma douche puis je me suis habillée.

J'ai embrassé ma fille qui partait à l'école.

J'ai fermé la porte de la maison et je suis partie travailler. »

Étape II : Devenir magicien

Prenez trois Post-It ou bouts de papier.

Sur le premier, écrivez le mot JOIE.

Sur le deuxième, écrivez le mot TRISTESSE.

Sur le troisième, écrivez le mot COLÈRE.

Vous allez ensuite disposer ces trois papiers au sol, en laissant l'équivalent d'un bon pas entre chacun d'entre eux. Cet exercice peut aussi se pratiquer assis, en mettant les trois papiers sur trois sièges différents.

À partir de cet instant, vous allez imaginer que ces morceaux de papier sont devenus magiques : si vous entrez en contact avec le morceau de papier, l'émotion qui est écrite dessus va immédiatement vous envahir et vous habiter tout le temps où vous êtes en contact avec lui.

Positionnez-vous sur le premier papier. Imaginez ou sentez que l'émotion contenue dans le papier - la joie - vous transforme ; dites maintenant les phrases écrites dans l'étape I.

Puis changez de papier, positionnez-vous sur le deuxième, sentez que la tristesse vient vous habiter, et dites de nouveau ces mêmes phrases. Vous pouvez vous aider en pensant à une situation qui vous a attristé en vous reconnectant à elle.

Faites enfin l'expérience avec le troisième papier, celui de la colère.

Qu'observez-vous ?

Est-ce que les émotions ont changé votre corps ? Votre énergie générale ? Votre voix ?

Avez-vous dit votre texte de la même manière les trois fois ? Est-ce que cela a raconté la même histoire ?

Il y a fort à parier que non… C'est ce que j'observe pour ma part lorsque je propose cet exercice.

Vous avez donc véhiculé un message très différent, tout simplement en changeant d'émotion. Et vous avez changé d'émotion en quelques fractions de seconde, tout simplement en choisissant consciemment une nouvelle d'entre elles.

Ce ne sont pas les morceaux de papier qui sont magiques, c'est donc vous le magicien !

C'est donc un pouvoir qui est à votre disposition à tout moment.

Il suffit juste de faire un pas à gauche ou à droite quand vous parlez à l'oral, pour reconvoquer l'expérience. Ou d'imaginer que la chaise sur laquelle vous êtes assis est habitée par une émotion différente.

Je vous invite à mettre aujourd'hui de l'attention sur vos registres émotionnels et repérer ce que cela change dans votre énergie ou dans vos interactions.

Osez varier ! Et surtout, choisissez les intentions ou les émotions que vous voulez faire passer…

Bonne pratique à vous !

Jour 20

Je mets ma partition en musique pour remporter l'adhésion

Quelle musique aimez-vous écouter ? Du rock ? Du métal ? De la musique classique ? Du jazz ? Du disco ? De la samba ? De la musique traditionnelle indienne ?...

Pourquoi ?

Pour ma part, j'aime découvrir et écouter des artistes et des univers très différents. Cela dépend de mon humeur du moment. Je ne peux pas non plus écouter la même chose, si je m'assieds et que je me rends complètement disponible à ce que j'écoute ou s'il s'agit d'une écoute plus flottante, qui accompagne ce que je suis en train de faire par ailleurs.

Je peux aussi choisir une musique pour changer d'humeur : ainsi, dans les moments difficiles, lorsque je me sens agitée, triste ou angoissée, j'écoute les Suites pour Violoncelle de Bach, jouées par Anner Bylsma (et uniquement lui !) et j'ai quasiment instantanément l'impression de revenir chez moi, de me recentrer. Il faut dire que cet artiste a joué ces pièces pendant trente ans chaque matin avant de les enregistrer. Chaque note vit, chaque silence est habité.

La musique m'inspire. Elle m'ouvre des univers d'émotion, d'imaginaire. Elle me raconte une histoire.

Pourtant, lorsqu'on regarde une partition, il y a juste des signes blancs ou noirs (des notes) écrites sur des lignes (des portées). Rien de très inspirant. Lire ou jouer les notes n'a rien à voir avec faire de la musique. Lire les notes, les jouer, c'est un début pour créer les conditions permettant de faire de la musique.

La musique, c'est le toucher de l'instrumentiste qui donne chair aux notes, son souffle qui fait vibrer l'instrument, son intimité avec ce qu'il joue qui ouvre l'espace de l'imaginaire et vient toucher, chez l'auditeur, un je-ne-sais-quoi tout au fond de l'être.

C'est en respirant sa musique, en habitant ses gestes, que l'instrumentiste inspire celui qui l'écoute.

Il en va de même avec l'orateur.

Des informations, un concept, des chiffres, c'est un début pour prendre la parole. Inspirer, raconter une histoire, c'est autre chose. Et raconter une histoire, tout comme faire de la musique avec les notes, c'est ouvrir la porte qui va permettre de toucher l'interlocuteur, lui donner envie d'écouter et de comprendre, l'impliquer, stimuler son élan pour s'engager et agir.

Avez-vous entendu parler du story telling ?

Le story telling (communication narrative en français), se définit comme l'art de raconter une histoire : « *story* » (histoire) « *telling* » (du verbe *to tell*, raconter).

Raconter une histoire sert à capter l'attention pour mieux la retenir. Or l'attention est devenue chose précieuse et rare, dans notre quotidien qui va si vite, et dans lequel nos sens sont hyper sollicités en permanence.

C'est donc précieux pour celui ou celle qui parle de trouver le moyen de capter l'attention de son auditoire lorsqu'il ou elle vient défendre un projet, un sujet, un combat. Comment faire cela ? En racontant une histoire, ou plutôt l'histoire appropriée au moment, au contexte et à l'auditoire.

Quelques règles pour cela, dont certaines récapitulent ce que nous avons déjà vu les jours précédents.

Les règles d'or d'un story telling captivant

Préparer le contenu :

- À qui le message s'adresse-t-il ? Quelles sont les questions ou besoins de l'auditoire ? Qu'est-ce qui va motiver leur écoute ?
  → Comprendre le destinataire pour pouvoir parler sa langue.
- De quoi voulez-vous parler ? Qu'est-ce qui vous tient à cœur ?
  → Le moteur pour l'orateur
- Où voulez-vous emmener le destinataire ? Que voulez-vous qu'il comprenne, retienne ou fasse ?
  → L'objectif du récit pour l'auditoire
- Quelles valeurs voulez-vous véhiculer ?
  → Nourrir le vocabulaire du discours

Incarner l'histoire :

- Entrer en relation avec son auditoire par le regard.
- Trouver une posture stable, qui permette d'occuper l'espace, les pieds ancrés dans le sol et le haut du corps ouvert.
- Penser à respirer, en ponctuant ses phrases de virgules et de points qui permettent à l'orateur d'inspirer et à l'interlocuteur d'intégrer ce qui est dit.
- Être conscient et/ou choisir le registre émotionnel éventuel.

Donner du souffle et du rythme pour capter l'attention :

- Varier les registres du message.
- Varier les éléments de langage.

Préparer le contenu et incarner l'histoire sont deux thématiques que nous avons déjà creusées ces derniers jours. Attardons-nous aujourd'hui à donner du souffle et du rythme pour capter encore mieux l'attention.

Quand on prend la parole, on a des habitudes, liées à nos appétances personnelles, nos métiers, nos mimétismes. On s'enferme souvent dans une seule manière de raconter les histoires : j'ai vu tant d'artistes se noyer dans l'émotionnel, de financiers perdre leur auditoire en les abreuvant de chiffres secs, de médecins ou de juristes se couper de leurs interlocuteurs en employant un vocabulaire d'expert incompréhensible aux non-initiés.

Osez la nouveauté, variez les registres, et vous capterez l'attention !

Varier les registres du message

Si quelqu'un vous demande : « c'était bien ce livre que tu es en train de finir ? », qu'allez-vous répondre ?

La question est très vague. « C'était bien ? » peut appeler une réponse sur plusieurs registres. Ned Hermann a mis en forme ce qu'il a nommé le modèle des préférences cérébrales. Le fondement scientifique de son modèle est aujourd'hui très critiqué, il n'en demeure pas moins vrai que la représentation qu'il propose est très aidante pour varier les registres. Il est fort possible que vous ayez l'habitude d'en utiliser un ou deux au maximum, alors que l'utilisation d'informations relevant de chacun d'entre eux enrichira votre intervention et que chacun y trouvera un langage qui lui convient.

Qu'appelle-t-on donc différents registres d'un message ?

- Le registre du **quoi :** qu'est-ce qu'il y a concrètement dans cet ouvrage ? Ça parle de quoi ?
  → C'est celui des faits, de la logique, du quantitatif.
- Le registre du **comment** : quelle est la méthode proposée ? Un parcours en 21 jours, dans lequel on trouve chaque jour un apport puis un exercice pratique.
  → C'est celui du process, de l'organisation, des détails.
- Le registre du **pour quoi** ou du **pourquoi :** qu'y avez-vous trouvé ? Qu'est-ce que ça vous a apporté ?
  → C'est celui de l'objectif, du concept, du sens.
- Le registre du **qui** : qui a écrit ce livre ? Auprès de qui pourrez-vous utiliser vos apprentissages ?
  → C'est celui des relations, du ressenti, du sensible, de l'émotionnel.

LES PRÉFÉRENCES CÉRÉBRALES

QUOI ?

MODE DE PENSÉE
ANALYTIQUE

Logique

Factuel

Analytique

Rationnel

Quantitatif

POURQUOI ?

MODE DE PENSÉE
IMAGINATIF

Concept

Objectif

Sens

Intuitif

Synthétique

Holistique

COMMENT ?

MODE DE PENSÉE
SÉQUENTIEL

Détails

Méthode

Organisation

Étapes

Process

QUI ?

MODE DE PENSÉE
INTERPERSONNEL

Relations

Hommes

Ressenti

Émotions

Sensible

Kinesthésique

Varier les éléments de langage

Qu'est-ce qui est plus facile à se représenter et retenir ?
Option 1 : « Je travaille beaucoup. »
Option 2 : « Depuis trois ans, j'ai des journées où j'enchaîne les réunions à distance sans pauses, je démarre mes journées une heure plus tôt et je les finis une à deux heures plus tard, et il n'est pas rare que je travaille le week-end. Je travaille beaucoup. »

La deuxième option est plus concrète, plus vivante, n'est-ce pas ? En réalité, vous n'aviez même pas besoin que je finisse par « je travaille beaucoup » pour le comprendre, vous étiez arrivés à la même conclusion de votre côté, n'est-ce pas ?

Varier les éléments de langage permet de sortir de la dimension déclarative et de donner ainsi de la chair, des couleurs, de la vie au discours, pour le rendre concret et accessible.

On peut pour cela piocher dans la boîte à outils ci-contre :
Essayons par exemple de varier les éléments de langage avec la phrase « Il fait chaud aujourd'hui ». On pourrait dire :
« Je fonds comme une glace au soleil » : métaphore
« Les chaises des cafés sont brûlantes, la mer semble s'évaporer sous mes yeux, et les cigales font un bruit assourdissant » : images (kinesthésique, visuelle et auditive)
« Le thermomètre affiche 39° C à l'ombre » : chiffres
« L'année dernière, ce même 28 juin, il faisait 24 °C contre 39 °C aujourd'hui » : comparaison
« En tant que météorologue, que pensez-vous de la température de 39 °C que nous vivons aujourd'hui ? » : valorisation et implication du public
« C'est l'été le plus chaud du siècle. Je suis inquiète de l'évolution du climat » : émotions
« 39 °C aujourd'hui. Et combien demain ? » : suspense

Etc.

BOÎTE À OUTILS

Pour illustrer
- Des métaphores
- Des exemples
- Des images visuelles, sonores, olfactives, gustatives, kinesthésiques (utilisant le toucher)

Pour quantifier et qualifier
- Des chiffres ou des noms propres
- Des analogies
- Des comparaisons

Pour impliquer
- Valoriser le public
- Poser des questions

Pour captiver
- Des pointes d'humour
- Des anectodes
- Des émotions
- Du suspense

Pour rythmer
- Des éléments de structuration : transitions, synthèse
- Un slogan

PRATIQUE PERSONNELLE : L'ACCROCHE

« Il était une fois ». C'était la phrase magique qui commençait les contes de notre enfance. Il suffisait de l'entendre pour savoir que nous ouvrions la porte d'un monde peuplé d'ogres, de sorcières, de princesses, de forêts et d'épreuves initiatiques en tous genres.

« Il était une fois », et nous étions tout ouïe pour écouter les aventures des trois petits cochons, d'Hänsel et Gretel, ou de la petite fille aux allumettes.

« Il était une fois », c'était la clef qui ouvrait la porte.

Cette clef, lorsqu'on prend la parole, c'est « l'accroche », à savoir la façon d'introduire tout ce qui va suivre d'une façon qui va capter instantanément l'auditoire en le faisant entrer dans l'univers du sujet.

Par exemple :

« 15 ans. C'est le temps passé à l'école entre l'entrée à la maternelle et le baccalauréat. 15 ans, c'est long. Et 15 ans, c'est court pour former un être humain à devenir adulte.

Dans notre monde qui change si vite, quels vont être les apprentissages, les expériences et les connaissances essentielles pour forger les adultes de demain ? »

Pourrait s'ensuivre une intervention sur les nouveaux programmes scolaires.

J'ai démarré ici par un chiffre. Sur le même sujet, j'aurai pu démarrer par une question : « savez-vous combien d'heures un écolier français passe sur les bancs de l'école entre l'entrée à la maternelle et le baccalauréat ? » (Je vous laisse faire le calcul, c'est étourdissant, etc.).

À vous de jouer !

Je vous propose de reprendre le sujet du jour 17 et de lui construire une accroche. Amusez-vous à tenter des expériences en variant les outils (servez-vous pour cela de la boîte page 211) : chiffres, slogans, comparaisons, images, métaphores…

Et tentez l'expérience dans votre quotidien pour en vérifier l'efficacité. Vous allez voir : c'est bluffant !

Bonne pratique !

Jour 21

Je prépare ma boussole et mes cartes de navigation : bon vent !

Nous voilà au bout de ce parcours.
Au fil des jours, vous êtes redevenu le capitaine de votre bateau « faire entendre ma voix ».

En effet, vous avez nommé le port de départ (vos représentations), vous en connaissez le cap (ce que vous voulez créer avec votre parole), vous avez identifié les vents contraires (vos peurs, vos croyances limitantes), consolidé la confiance dans votre bateau (en ancrant vos réussites), fait le plein en carburant (en prenant soin de vos besoins et de votre énergie) ; vous avez des outils de navigation (votre magicien blanc, vos croyances aidantes, votre respiration, votre posture, votre super-héros) et vous avez acquis de l'expérience (vos pratiques à l'oral).

Je vous propose aujourd'hui de revisiter ce chemin pour en récolter les découvertes et les apprentissages. C'est le trésor que vous avez rapporté de vos explorations.

C'est joyeux de prendre un moment pour le contempler. Et puis, un trésor, c'est concret. Ça ne disparaît pas du jour au lendemain. Ça sera toujours là pour la suite de vos aventures.

Prenons aujourd'hui le temps de mettre ce trésor en forme pour que vous l'ayez sous la main facilement à l'avenir. Pour naviguer, on se sert aujourd'hui d'un GPS, autrefois c'étaient des cartes.

Comme une grande carte de navigation n'est pas pratique à avoir dans sa poche au quotidien, je vais vous proposer de déposer tout cela sur des cartes… à jouer !

PRATIQUE PERSONNELLE : CONSTITUTION DE VOS CARTES DE NAVIGATION

Je vous invite à prendre un papier un peu épais pour fabriquer vos cartes à jouer. Cela peut être des petites fiches bristol ou des cartes de visite vierges.

Déposez-y votre récolte selon le modèle proposé ci-dessous ou en faisant à votre idée.

N'hésitez pas à les faire vivre en les décorant à votre manière, en dessinant, en y ajoutant des images découpées dans des magazines ou des décorations de votre choix.

Carte 1 Le port de départ : vos représentations

Carte 2 Le cap : ce que vous voulez créer dans les années à venir

Carte 3 Ce qui vous donne confiance en votre bateau : vos réussites

Carte 4 Le carburant : vos besoins

Carte 5 Les vents contraires : vos croyances limitantes et vos peurs

Carte 6 Votre kif « prise de parole »

Carte 7, 8, 9… Vos outils de navigation (votre magicien blanc, vos croyances aidantes, votre respiration, votre posture, votre super-héros)

Carte 10, 11, 12… D'autres éléments que vous souhaiteriez garder de votre parcours

Nous sommes à la fin de ce livre. Mais pas de votre parcours. La voix est un chemin sans fin. Je chante et j'accompagne à l'expression orale depuis 25 ans, et je continue de découvrir des subtilités, d'ouvrir de nouveaux espaces dans ma voix, de m'autoriser joyeusement de nouvelles manières de faire. Je gage qu'il en sera de même pour vous. Et ce livre sera là si vous souhaitez revenir sur l'une ou l'autre thématique selon vos élans et vos envies, ou tout simplement en piochant au hasard.

À vous de naviguer maintenant comme bon vous semble, en reprenant la main sur votre jeu.

Reprendre la main sur son jeu, cela veut dire trouver dans chaque situation comment je suis acteur de ma parole et de ma voix : agir au lieu de subir la situation.

Vous êtes redevenu le ou la capitaine de votre bateau « faire entendre ma voix ».

Il n'y a plus qu'à appareiller pour naviguer sur les mers de l'expression orale, partager ce qui vous tient à cœur et embarquer votre auditoire à votre suite pour créer ce que vous voulez voir exister dans le monde…en tenant fermement la barre !

Bon vent !

Bibliographie

Bourbeau (Lise), *Les Cinq Blessures qui empêchent d'être soi-même,* Pocket, Paris, 2013.

Calais Germain (Blandine), Germain (François), *Anatomie pour la voix*, nouvelle édition, Désiris, Gap, 2019.

Csikzaentmihaly (Mihaly), *Vivre, la psychologie du bonheur*, Pocket, Paris, 2006. Titre original : *The Flow.*

Hermann (Ned), *Les Dominances cérébrales et la créativité*, Retz, Paris, 1992.

Nath Hanh (Thich), *La Plénitude de l'instant*, Marabout, Vanves, 2015.

Salomé (Jacques), *Pour ne plus vivre sur la planète Taire*, Albin Michel, Paris, 1998.

Schützenberg, (Anne Anceline), *Aïe, mes aïeux !*, 16e édition, Desclée de Brouwer, Perpignan, 2015.

Servan-Schreiber (Florence), *3 kifs par jour*, nouvelle édition augmentée, Marabout, Vanves, 2023.

962494 - (I) - CBB 80° - 137 U - BPE - DNN
DUPLIPRINT
733, rue Saint-Léonard, 53100 MAYENNE
N° 2998318S
Dépôt légal : juin 2025
Imprimé en France